双子ザウルス奮闘記

朝日新聞記者
川村 真貴子
MAKIKO
KAWAMURA

風媒社

はじめに

「どうして、二人いるんだろう?」

双子の妊娠が発覚してからというもの、こんな疑問を幾度、思ったことだろう。

それぞれはまったく違う顔だし、まったく違う性格。髪の量さえ、違う。けれど、二人は間違いなく、私のお腹の中で一緒に育ち、一分違いでこの世の中に出てきた。それからは、同じ家に住み、毎日、同じようなものを食べ、同じような服を着て、同じ保育園に通っている。たぶん、親よりも一緒にいる時間は長くなるだろう。今までも、これからもお互いが一番の理解者に違いない。

一人が泣けば、もう一人も。一人が右へ走れば、もう一人は左へ。おもちゃやお菓子の取り合いは日常茶飯事。少し成長してきた後のけんかはまさに壮絶だ。そんなやんちゃな二人は親にとってはまさに怪獣、「双子ザウルス」である。

そんな、ザウルスたちとの生活のなかで、親として、よく喜び、よく怒り、よく哀しみ、よく楽しませてもらっている。その年月はまさに、怒濤の日々。正直なところ決して楽ではないが、「双子育児ってこんなにおもしろいんだ」というのが実感だ。

ならば、こんなおもしろいことを私たち夫婦だけで楽しんでいてはもったいない。双子のみならず、育児の喜怒哀楽をこの本を媒介に一人でも多くの方と共有できればと、今回の出版を思い立った次第である。

この本は、育児のノウハウ本ではないし、アドバイス本でもない。この不景気かつ忙しい時代、手に取り、ご高覧いただけるだけで、感謝である。

さらに、読み終えられた後、「双子育児ってなんだか楽しそう」「双子のママって幸せだね」と思ってくだされば、これ以上、うれしいことはない。

双子ザウルス奮闘記　目次

第2章◉ワーキングマザーのつぶやき　67

目次

プロローグ

「どうやら双子ちゃんかな?」二〇〇四年十一月二十二日。私たち夫婦の七回目の結婚記念日に、自宅近くの産婦人科でそう、通告された。

「双子?」血液検査や画像検査の結果、どうやらそうらしい。頭の中が真っ白になった。病院を出て、交差点を歩きながら夫に「妊娠したよ」と告げた後、少し口ごもりながら「双子らしいんだけれど」と付け加えたシーンは、今でも鮮明だ。

結婚後、なかなか子どもには恵まれなかった。新聞記者という不規則な仕事をしていると、意識しないとできないということだろうか。ただ、その分、DINKSは満喫していたような気がする。連休のたびに海外へ出かけたり、夜な夜な若い同僚記者と飲み歩いたりと、気ままに暮らしていた。

三十七歳を目前にしての妊娠発覚。つまりは高齢出産だ。これまでの不摂生が影響してか、高血圧にも悩まされた。主治医の「高リスク出産だから、とにかく安静に」「双子ちゃんには安定期はありませんから」という脅しに加え、妊娠発覚から一週間後に少量あった出血をきっかけに、仕事も休むことになった。予定日は八月一日。まだ、七カ月以上あった。

それまで、取材であっちこっちに飛び回っていた生活は一変した。二週間に一度の検診以外は自宅で安静にしていなくてはならず、ごろごろとする日々。他にやることもないから、双子育児のマニュアル本と命名辞典のようなものを何冊も買い込み、必死に読み込んだ。

いろいろと調べるうちに、双子や三つ子など多胎児出産は、最近では珍しくないようだった。おしゃれな二人乗りベビーカーを押しながら、おそろいの服を着させ、「かわいいね」と周囲から声を掛けられる育児ライフを夢見た。しかし、その数カ月後に訪れる現実は、そんなに甘くはなかった。

名前については、ひまにまかせて、生まれてくる子どもの名前を男の子二人、女の子二人、それぞれ一人ずつの三バージョンに分けて、何通りも考えた。それぞれについて三十通り以上は考えたから、たぶん百通りは超えたと思う。おかげで姓名判断には少し強くなった。

それ以外では自宅にいても出産準備ができるということで、ネットオークションにはまった。双子のおそろいの衣類などをオークションでせり落とすのだ。性別がわかっていない時期には黄色中心。わかってからは色違いのブランドの衣類などを買った。でも、三カ月ぐらいするとそれも飽きてしまい、結局は、自宅でぼーっとして過ごした。

妊娠二十四週のころには、主治医から「ぼっちゃん二人かな？」という通告。帝王切開する手術予定日は七月二十日に決まった。

『海の日』に生まれてくる男の子ならば、名前に『海』の字を使おう」と「拓《たく》海《み》」「望海《のぞみ》」で、ほぼ、決まった。しかし、この名前は出産当日、保育器に入った細い二人を見た夫が「太という字を付けたい」と言いだし、闇に葬られた。私のあの日々は何だったのだろうと、今でも時々、思う。ちなみにこちらも葬られた名前だが、女の子だったら「共笑《ともえ》」と「百笑《ももえ》」にするつもりだった。

双子を身ごもるというのは、予想以上につらかった。本来、一人分しかないはずのスペースに二人分、おなかに抱えるのだ。妊娠中、原因不明の急な脇腹痛に何度か苦しめられた。家族の自家用車で救急病棟に駆け込むこと二度。三度目の正直で、最後は救急車で運ばれ、そのまま、出産予定日までの三カ月間、入院となった。

入院生活は過酷だ。子宮収縮剤を四六時中点滴し、絶対安静。入浴もままならず、毎日、看護師さんが体ふきをし、週に一回は洗髪してくれた。初夏を控えた暑い時期、そんな生活を我慢できたのは、生まれてくる天使を、この手に抱く夢があったからだったと思う。実際、出産後、「神様、二本の手を与えてくれてありがとう」と、何度、感謝したことだろう。二人を一度に両手に抱えられたのは、最初の三カ月程度だったけれど。

入院生活が一カ月になろうとするころ、だれに似たのか飽きっぽく、せっかちな我が息子たちはおなかの中での生活が苦痛になったらしく、もう出てくるというサインを送ってきた。妊娠三十二週。切迫早産である。「もう、出しましょう」という主治医の言葉によって、予定よりも二カ月も早く、双子と対面することになった。

六月八日午後六時十分と十一分。無事、二人を出産した。小さなこの幼子たちがその後、怪獣「双子ザウルス」に成長するなど、このときは思いもよらなかったが、まずはこの世に出てきてくれた二人には「生まれてくれてありがとう。ずっと会いたかったよ」と声をかけた。

第1章 怪獣を育てよう！

地獄の時間差攻撃

暖かかったり、寒かったり。季節の変わり目になると、子どもはよく風邪をひく。我が家の「双子ザウルス」は、妊娠三十二週の未熟児で生まれた。二人そろってNICU（新生児集中治療室）の保育器に入り、「肺の機能が弱いから、風邪をひくと『ぜこぜこ』とぜんそくのようになりやすい」との診断を受けた。

双子で大変なのは、決して二人同時には病気にならないこと。年齢の近い兄弟姉妹がいる家庭も同じだろうが、一方が病気になると、二、三日後にもう一人の調子が悪くなる。

四六時中一緒だから、うつらない方がおかしいが、この現象を親は「地獄の時間差攻撃」と呼ぶ。

病気でない一人を保育園に登園させても、送迎に人手がかかる。病気で休んだ方を一人で留守番させるわけにもいかない。

名古屋市には、病児保育、病後児保育があるにはあるが、自宅の近くにはないし、病気というのはいかんせん、急にやってくる。

我が家の場合は大抵は、夜勤のある夫を朝からたたき起こして病気の方を見てもらう。長引きそうな時は、千葉県船橋市に住む夫の母に名古屋まで来てもらうこともある。

元気な方を保育園へ出すと、迎えの人手が必要だ。夕方までに私の仕事が終われば、夕方に出勤する夫とバトンタッチ。近くに住む私の母に迎えに行ってもらうこともある。まさに「自転車操業」だ。

大人には「地獄の時間差攻撃」も、子どもにとっては親を独占できる数少ない機会。双子ザウルスには病気もさほどの敵ではないらしい。

「家庭内通訳」で夢が実現？

高校時代の私の夢は、国際社会で活躍することだった。「そのために」というわけではないが、高校二年の時にはアメリカに一年間留学。ホームステイをしながら、現地の高校も卒業した。少し言葉が通用するようになって、「将来は国際通訳になろうか」などと、希望に胸を膨らませたものだ。

ところで、三歳になったころで、ようやく、言葉が出始めた我が家の双子ザウルス。一般的に、女の子に比べて男の子の方が言葉は遅いと言われている。さらに双子は、お互いで意思の疎通ができるためか「言葉はゆっくりめ」と、未熟児外来の主治医から聞かされていた。

そのため、あまり焦りはしなかったが、このころのしゃべりっぷりは、ため込んでいた言葉を一気にはき出している感じだった。

とはいえ、まだカタコト。こちらも前後のことの流れと子どもの口元をよく見ていないと理解できない。それでも、私が一番聞き取れているようで、ばぁばやじぃじ、パパですら、「今、何て言ったの？」と私に聞いてきた。

㈠「てんべー、とうだい」
㈡「びびり、いたい」
㈢「ちかん、いる」

これ、わかりますか？

それぞれ訳させていただくと、㈠は新しい灯台の名前ではなく「せんべい、ちょうだい」、㈡は痛みか何かにおびえている感じだが「テレビ、見たい」、㈢は怪しい人を見つけたのではなく「みかん、いる」。

昔の夢はかなわなかったものの、双子ザウルスと家族をつなぐ「家庭内通訳」という、望んでもいない夢がかなう結果となった。

こだわりのおそろい、果たしていつまで?

汗ばむ陽気の日も増えて、そろそろ夏服を出す衣替えのシーズン。我が家の子どもも洋だんすの中を見ていると、つくづく「おそろい」の衣類が多いのに気づく。

双子妊娠がわかって以来、二人におそろいを着せるのは夢だった。それが現実となった今、衣類に限らず、お昼寝用布団から靴、帽子、手提げ、タオル……。彼らの持ち物のほとんどは同じデザインの「おそろい」だ。

我が家の場合、双子といっても二卵性で、体格から顔立ち、髪の量、そして性格とすべて違う。

逆に言えば、おそろいを着ていないと双子とは思われない。実際、おそろいを着せていても「年子?」と聞かれることもある。

姉妹や兄弟、時には親子で着ていてもかわいい「おそろい」だが、家族の中では、こだわり方に微妙な違いがある。

私は色違いが好き。あにザウルスには黄系を着せ、ちびザウルスには青系を着せている。色が違えば、着替えの時にわかりやすいし、とにかく、本人たちに「これは自分のもの」という認識ができる。

一方、私の母、いわゆるばぁばは、いつもまったく同じものを二つ買ってくる。これはこれでかわいいが、名前を書いておかないと、洗濯した後、どちらがどちらだかわからなくなる。

それでも三歳になるころには、そのおそろいに「異変」が起き始めた。双子ザウルスが、自分の好みを主張し始めたのだ。こちらの思惑とは違った色を要求したり、「これ、イヤ」と服そのものを否定したり。

双子ならではのこだわりの「おそろい」。果たして、いつまで続くだろうか。

おむつの山で、家計直撃!

我が家の双子ザウルスは、二人ともなかなかおむつが取れなかった。

二人が保育園の三歳児クラスにいたころの話だ。弟のちびザウルスは、保育園ではパンツをはいていたが、まだおもらしも多いようで、汚れ物の中には必ず、ぬれたパンツがおみやげに入っていた。

あにザウルスはその春、ようやくトレーニングパンツが始まった。大便をしても滑り台で遊んでいるような「不感症」。少し時間がかかるかもしれない、と覚悟した。

ただ、二人とも用を足した後、「ちっこ」とか「うんち出た」と頻繁に言ってくれるようには、なっていた。お昼寝の後にトイレに連れていくと、用を足してくれる。親としては気にしないわけではないが、個人差があるし、「大人になって、おむつをしている人はいない」と、気楽に構えた。

とりあえず、トイレを好きになってもらおうと、壁にお気に入りのキャラクターの付いたカレンダーを張ってみたが、人が用を足している時に入ってきては、にやにやしながら見上げるばかり。

トイレにあるふた付きの汚物入れは、保育園から持ち帰った汚物を入れると、すぐいっぱいに。ごみの日には、一〇リットルの可燃用ごみ袋が、おむつだけで三つはできた。

物価高は、おむつだって例外ではない。以前は特売で七〇〇円台だったのが、今ではお一人様一個限りでも八〇〇円台。布おむつは経済的だろうが、手間を考えるとやはり紙おむつだ。

夏場はおむつトレーニングの好機とも聞く。家計直撃の事実も見逃せないため、「この夏を機に何とか、パンツに」との親の願いとは裏腹に、結局、汚物入れはずっといっぱいだった。

おむつ離れへの一言アドバイス

おむつ離れについては苦労する方々も多いだろう。私がいただいた、ありがたいアドバイスのいくつかを紹介したい。

現在は中学二年（投稿当時）の息子さんのお母さんから。

「自分で三歳になったらトイレでおしっこやうんちをすると言って、本当に三歳になったらトイレでするようになりました。双子ザウルス君もきっともうすぐトイレでできるようになりますよ。のんびりしている分、何でもできる時にはイッキにできるようになると思います。なるべく気楽に構えてあげてくださいね。子どもにはお母さんの笑顔が一番」

三歳八カ月（同）の娘さんと四カ月（同）の息子さんを持つ働くママから。

「去年、娘のおむつを取るべく悩みました。娘なりのワケがあるのです。便器にうんちが落ちるのがいけない気がするようでした。足が床につかないと踏ん張るのに力が出ない様子。洋式便器に和式のようにかがませたら難なく成功！きっと双子ちゃんにもそれぞれのワケがあるのでは？」

最後は以前に取材でお会いした先輩ママから。

「おむつトレーニングで悪戦苦闘の様子、楽しく拝見。でも焦ってはダメですよ。粗相《そそう》をしても怒らず、できたときはオーバー気味にいっぱいほめてあげてください」

いずれもありがたい情報ばかりで感謝感激であった。さて、我が家のザウルスたちの奮闘ぶりは？　この次のページで、ゆっくりお伝えします。

おむつ離れに光が見えたら…

　ザウルスたちのトイレトレーニングがなかなか進まなかった時期は、本当にぼやきが尽きなかった。しかし、「ついに」と言うべきか、「やっと」と言うべきか。我が家の汚れおむつは三歳もなかば近くになって、激減し始めた。

　成長が著しかったのは、あにザウルスだ。「布パンツデビュー」こそ、ちびザウルスに遅れたものの、小便では「おなか、むずむず」と言って、トイレに駆け込むようになった。これに負けじと、ちびザウルスも「トイレトイレ、出ちゃう出ちゃう」と、間際ではあるが、トイレで用を足そうという意欲は感じられるようになった。

　というわけで、布パンツで過ごす時間が増えてきたことに伴い、おむつごみは激減。かつては保育園の帰りには四つも五つもあった紙おむつのお土産は、一つあるかないかまで減った。ごみの収集日に、一〇リットルのごみ袋がおむつだけで三つはあったのが、他の可燃ごみと合わせても二〇リットルが一つまでになった。

その一方で激増したことがある。おもらしである。保育園では一時間から一時間半ごとに、他のお友だちと一緒にトイレに誘ってくれる。しかし、家庭では、食事の支度などをしていると、あっという間に一時間など過ぎてしまう。たとえ、こちらが声をかけても、遊びやテレビに集中していると、「まだ、ない！」と、強い口調で拒絶。その直後に「出ちゃった」という泣きそうな声が聞こえてくる。休みの日はこれが二～三回繰り返されるから、ぞうきん片手にうろうろするこっちはたまらない。「あせらず、あわてず、あきらめず」を、心の中で唱える毎日であった。

結局、完全におむつが取れたのは、四歳もなかばを過ぎるころ。親は特別に何もしなかったが、まず、あにザウルスが保育園でうんちができたのをきっかけに、ちびザウルスもその二～三週間後には完全にトイレで用が足せるようになった。やっぱり、双子。おむつが取れたのもほぼ同時であった。

雨の月曜、ユーウツな週はじめ

梅雨もまっただ中になると、しばらくは空模様が気になる季節。我が家では、梅雨とは関係なく、「週間天気予報」をいつも気にしている。

これは、自宅がマンションだったころの話だ。駐車場が少し離れていた。といっても、私の歩幅で約九〇歩。時間にすれば一〜二分というところだ。

保育園の送迎は、普段ならば二人乗りベビーカーを使うが、雨の日は自家用車。だから、自宅から駐車場までは傘をさして、親子三人で向かう。

わずかな距離ではある。だが、これが雨の日ともなると、とても遠くに感じられるのだ。

あにザウルスはレインコートが大嫌い。防水加工した帽子すら拒絶することもある。傘は自分で持ちたがるものの、なぜか逆さま。傘も顔も下を向けて歩いている。

だから当然、前は見えない。

ちびザウルスは、レインコートも傘も大好き。だが、長靴を履いているとはいえ、わざと水たまりに足を突っ込む。さらに「あめあめ、ふれふれ……」などと歌いながら歩くから、やたら、危なっかしい。

自分の傘を差しながらそんな二人を誘導し、さらに手元には取材用の大きなバッグと保育園用の二人の手提げ。このいでたちでは、たとえ九〇歩の道のりも「難行苦行」に早変わりする。

そして、週はじめの月曜日。週末に洗濯したお昼寝布団二セットがこれに加わった。さらにさらに、我が地域はごみの日が月曜日だった。おむつでいっぱいになった一〇リットルごみ袋が、三つは出た。

「一瞬でも、やまないかな」と空を仰ぐ、憂鬱な季節が、まさに梅雨である。

三歳児健診にドキドキ

満三歳を無事に迎えた我が双子ザウルス。保健所と二人が生まれた総合病院で三歳児健診が相次いであった。未熟児で生まれているだけに、親としてはどきどきものだった。

保健所では、発育を調べる身体測定、歯科健診、発達をみる簡単なテストなどがあった。一歳半の時は、かなり大暴れをした二人も保育園生活で少しは社会性が身についたのか、「最初は」おとなしくしていた。

待ち時間が長くなるにつれ、二人そろって落ち着きがなくなっていく。変化がないため、その場の雰囲気に飽きてくるのだ。

保健所内に何があるのかを探検したりトイレに行って蛇口をひねったり。子ども一人に大人一人は必要だろうと、この日夜勤の夫にも同行してもらったが、やはり、一人ずつの世話で正解だった。

病院での発達検査は、いつも一緒のザウルスたちも一人ずつ。親も同席できないほど厳密だった。

「暑いの反対は？」

「あちゅいの反対はぁー……」

「白と黒、どちらが多い？」

「えーっと……」

診察室のドア越しに聞こえてくる子どもの答えに一喜一憂。時折、聞こえてくる先生の「その通りです」の声にほっとする。

「元気であれば……」とわかっていながら、同じ年齢の子どもが二人並んでいるから、普段からついつい、比較してしまいがちだ。

同じ親から生まれ、同じ環境で育てている双子。いつも一緒でも、子ども同士は違う人格。性格も違えば、個性だってある。親として一人ひとりと向き合う大切さ。改めて、肝に銘じた。

私の三人乗り自転車待望論

子どもが三歳にもなると、保育園にベビーカーで登園していたお友だちが、自転車で通うようになった。それを横目で見ていたちびザウルスは、そのお友だちがかぶってくるヘルメットがうらやましくて仕方ないらしく、「自転車の帽子、買って」と私に迫る。

我が家でも自転車での登園は、検討課題だ。でも、警察が自転車の三人乗りを禁止しているため、徒歩で通えるようになるまではベビーカーと決めていた。

今、使っている二人乗りベビーカーは、目安として一人一四キロぐらいまで。取り扱い説明書では四歳ぐらいまでは使えるらしいが、押していると、やっぱり重い。軽いちびザウルスで体重一二キロ近く。保育園ではクラスきっての大食漢のあにザウルスは一三キロ以上。さっそうと走り抜けていく自転車の横で、えっちらおっちら押していると、二人からは「走って」と要求されることさえある。

そんな私の心を揺さぶるニュースがあった。「三人乗り自転車の開発が進められている」という内容だ。警察庁は、子育て中の母親の要望を受けて、安全性が確保されれば、解禁する方針に転換した。来春にも各都道府県の公安委員会規則の改正手続きが始まるらしい。自転車産業振興協会では試作のアイデアを公募し、二〇〇九年二月には試作品が出そろうという。

私が願う自転車は、前部でも後部でもいいから、二人が横並びできるタイプ。これなら「きょうは、ぼくが前！」などともめることもないだろう。

一日も早い完成が待たれるが、もうしばらくは「ふー、ふー」言いながら、ベビーカーを押す日々が続く。

結末は汗となみだの運動会

食欲の秋、芸術の秋、そしてスポーツの秋。ザウルスたちが通う保育園の運動会での話である。本番に備えて、ザウルスたちの二歳児クラスではお遊戯などの練習をしていたようで、家でも、「ぼくらはみんな生きている」とか「ぽーにょぽにょぽにょ、さかなのこ」などと、節の外れたメロディーを口ずさみながら、体をくねらせていた。

人前で何かをやるのが苦手なあにザウルスを思って、担任からは事前に「リハーサルでは踊りも競技もできています。親子でのお遊戯までは、遠くから見ていたほうが……」と助言をいただいた。おもむろにカメラを向けたい衝動を抑え、保護者の輪の外から見守っていた。

少し、落ち着きはないものの、先生の手を握りながら周りの雰囲気をこらえるあにザウルス。ほぼ想定通りで親は「まず、まず」とほっと一息。続いてすぐにザウルスたちのかけっこが始まった。

ここで、想定外のハプニングが発生した。あにザウルスの横で、苦い表情をしていたちびザウルスが号泣しているのだ。

リハーサルでも家庭でも、普段通りだったちびザウルス。先生に促されて泣きながら疾走したものの、しばらくは泣きじゃくった。

親子一緒のお遊戯も、かたくなに動かず。泣く理由を尋ねると「ママがいないから。ママがいい」とぽつりとつぶやいた。あにザウルスに気を遣うあまり、こちらへの配慮が欠けていたようだ。やっぱり、双子育児は難しい。

その後、思い出したように家で二人で楽しそうに踊っていた。そんな様子に「なんで本番でやってくれないの」と、思わず突っ込みたくなった。

双子のきずなってなんだろう？

生まれた時からいつも一緒の双子には「ふた語」という語学があるらしい。周りの人には通じなくても二人の間ではわかり合える言葉があるという意味だ。ザウルスたちを診察している医師から聞いた。そのため、一般的には、双子というのは言葉が出るのが普通の子どもよりも遅いという。今ではうるさいくらいしゃべる我が双子ザウルスも、確かに言葉はゆっくりめだった。

「うっくん、うっくん」と言っているころから、二人で顔を見合わせては、こちらがとても理解できないような音声を発し、うなずき合っていた。言葉がなくても通じていたということだろうか。

保育園に入ったばかりのころは、一人がお友だちとトラブルになると、「相方の一大事」とばかりに、もう一人が加勢に走ったり敵討ちしたりということがしばしば。我が家としては被害者かつ加害者であるため、お友だちへのおわびは、何となく妙だった。

ある日の保育園での出来事も双子のきずなを感じさせるエピソードだ。リズム遊びの際、ちびザウルスのノリが悪く、それを心配したあにザウルスはしきりにちびの手を取って、「走ってー」「いくよー」などと声を掛けていたという。この日の二人のお便り帳は、それぞれ別の保育士が記載していたが、いずれもこの出来事を取り上げて「双子っていいなぁと思いました」と結ばれていた。

普通の兄弟でも、同じような感情はあるとは思う。でも、ザウルスたちを見ていると、もっと違う世界があるような気がする。生まれた時から一人じゃないという特別な関係は、心強いに違いない。

悩み尽きない休日の過ごし方

連休が続くと、双子ザウルスが一日中家にいる日が多くなる。保育園のありがたみを痛切に感じると同時に、どう過ごそうか、頭を悩ませる。国では連休を増やそうという動きもあるらしいから、親としてはその対応に追われることになるのだと思う。

保育園の同じクラスのお友だち家族とバーベキューをすることがある。子ども同士が気心が知れているこんなイベントは、ザウルスたちも大喜びでありがたい。寒くなってきたころでは、日差しのある暖かい日は公園へ。あまりに寒い日は雨天同様、屋内で楽しめるような場所を探す。温水プールや児童館、ショッピングセンターの中にある遊び場は、よく行くプレースポットだ。

行きたい場所を二人に尋ねてもまず一緒の答えは返ってこない。一人が「プール」と言えば、もう一人は「公園」。じゃんけんで行き先を決めても、思い通りにならなかった方は、せっかくの外出にもべそをかく。車に乗り込むころにようやく、気持ちが切り替わるようだ。

ザウルスたちは、保育園でお昼寝が習慣になっているため、出かけるにしても午前中の過ごし方が勝負。正午を挟むと眠くなってきて動きが緩慢になるし、機嫌も悪くなる。逆に、午前中に思いっきり体を動かせば、疲れて、午後にはぐっすり寝てくれる。こちらも、一息つける。

休日の朝、「今日はどこへ行くの？」と顔をのぞき込んでくるザウルスたち。「家でゆっくりしようよ」と説得しても、容赦はない。親として、休みや自分の時間がないのはつらいが、いずれ「親と出かけるなんて」とそっぽを向かれる日が来るだろう。今はこの時が大事。そう自分を慰めることにしている。

何でも二つ、引っ越し荷物は倍増

二〇〇八年十一月末に引っ越しをした。と言っても、最寄り駅は同じで、歩いても十分程度の距離だ。でも、当事者の作業としては、荷物の箱詰めや、不用品の処理、新旧の住まいの掃除など、北海道や九州へ行くのと同じ手間がかかる。

子どもが生まれてからは初めての引っ越し作業だっただけに、「モノ」が増えたことを痛感した。引っ越し業者からも「荷物が多いですね」と言われるほどだ。改めて家の中を見渡してみると、確かに「モノ」が多い。何でも二つずつあるからだ。洋服やバッグ、靴、傘、弁当箱、水筒……。子ども用の皿やスプーン、フォーク、はしにいたるまで、何でも最低、二つずつある。それも、まったく同じもの。でなければ、けんかになる。

生活用品はもとより、食卓用の子どもいすも二脚、一人乗り用のベビーカー二台など、かさばるものも多い。もう少し、時期が早かったら、ハイローチェアがあった。今はまだ、勉強机はないが、もう四、五年後の引っ越しならば、二台あったことだろう。

兄弟の多い家庭でも、同じことがあるかもしれない。でも、双子の場合は、必要な時期も同時ならば、必要でなくなる時期もほぼ同時。お下がりがないから、何でも同じものが同時期に二つずついるのが、双子育児の特徴だ。

それぞれの時に使った品々を見ていると、この三年余の育児が思い出されて、ついつい作業の手が止まった。そして、まだ、家の中の至るところに積まれた段ボール箱を前に、「早く落ち着かなければ、クリスマスや正月が迎えられない」と、夫と顔を見合わせ、現実に戻った。

お正月は親子で「猿回し」

ここ数年、我が家の正月の過ごし方は定型化している。

大みそかは、夜勤の夫を尻目にザウルスとともに名古屋の私の実家で過ごし、食事をしながらこの一年を振り返る。風呂の時間までには帰宅。除夜の鐘も聞かず、いつも通りの時間に就寝する。

元旦は少し遅めの朝食。年賀状をチェックした後、お年賀のあいさつで再び、実家へ。私の両親、兄弟だけでなく、年に数回しか会うことのない私のおじおばらと新年のあいさつを交わす。

昼食を取るあたりから、ザウルスは「猿」に変身する。正月に稼ぐ、猿回しみたいに、大人が用意してくれるお年玉を稼ぐのだ。まだ、金銭感覚のないザウルスは、中に入っているお金よりも、おじさんおばさんが手渡してくれるカラフルなポチ袋がもらえるだけでうれしい様子。だから、受け取ると気前良く「ママ、もらったよ」と、届けてくれる。

こうなると、こちらはいっそう、猿回しの気分に。「おじちゃんたちに好きな食べ物と動物を教えてあげて」などと、思わず、ザウルスたちに芸を命じてしまう。

夕方前には夫の実家である千葉県へ。到着すると、今度は普段はなかなか会えないおじいちゃんおばあちゃんが待っていてくれる。これから夜の部、第二ステージが始まるわけだ。

お年玉を自分で管理するようになるのは何年後だろう。その時、後ろめたい気持ちにならないように、今は、全額、彼ら名義の口座に貯金するようにしている。

鼻を利かせて胃腸かぜを警戒

もし、お食事中にこの文章を読もうとされている方がいたら、ちょっと時間を置いてから読んでいただきたい。ちょっと、「におう」話を紹介する。

インフルエンザが怖い初冬から春先にかけてだが、幼い子どもを育てていると、この時期に恐れる病気がもう一つある。胃腸かぜだ。発熱もあるが、下痢や吐き気を頻発するため、子どもが脱水症状になりやすい。お友だちに感染しやすい病気だから、完治するまでは保育園に通えない。そうなると、夫とともに、仕事と生活に直結する大問題。ザウルスたちにかかられると、心身ともに疲れる病気だ。

我が家の双子ザウルスも、二人ともこれまでに何度か、かかったことがある。胃腸かぜはウイルス性で、ノロウイルスとロタウイルスがある。私は専門家ではないが、同じ年齢の子どもが二人いれば、当然、リスクも二倍。初冬はノロ、二月過ぎるとロタが流行する、などの知識がついた。

胃腸かぜの特徴は、大便が白っぽい黄色で、強烈な、酸っぱいようなにおいを放つことだ。だから、ザウルスたちの体がちょっとでも、「温かいな」と思うと、大便に気を使うようになる。

ザウルスたちが、「うんち」と申し出てくれれば、まず、鼻をおむつに近づける。香ばしいにおいか、酸っぱいにおいか。酸っぱいようならば、要注意。どきどきしながら、おむつをあけ、かたちがあればちょっと安心。どろどろのクリーム色だと、すぐさま小児科を予約し、直行だ。

子どもの体調管理に「鼻を利かす」のは「生活の知恵」。おかげでこちらは風邪もひけない。

乳児から幼児へ成長するとき

二〇〇九年四月。三歳九カ月になった双子ザウルスたちは、保育園では年少クラスに進級した。今まで乳児扱いされていたのが、今度からは幼児扱い。成長とともに、保育園での生活習慣にも変更点がいくつか、出てきた。

まず、給食やおやつの時に使っていたエプロンと口ふきタオルがなくなる。食べこぼしが多い乳児に比べて汚すことが少なくなってきたということだろう。一歳児クラスの時には一日三枚ずつ必要だったのが、まったくなくなった。今までエプロンとして使っていたタオルは、我が家では台ふきんに変身した。

トイレも幼児クラスになると、スリッパに履き替える必要がある。自宅でも最近スリッパを履きたがっては転びそうになっている二人を見ると、「大丈夫かな」と思わず不安になる。

我が家ではそれまで二人乗りベビーカーで登園していたが、この三月いっぱいと二人には言い聞かせた。実際、大きくなった二人を乗せたベビーカーは、少しきしむようになっていた。

園庭で遊ぶ時間が増えたり、昼寝をする教室が大きい部屋になったり。乳児が幼児になると、こんなにも変わるのか、と思うぐらい変更点は多い。

何よりも一番大きい変化は、定員が増えるため、クラスの半数近くが新しいお友だちになることだ。新しい環境が苦手なあにザウルスに、世話好きなちびザウルス。新年度からのクラスにどんな対応をするのだろうか。入園、進級、入学……。桜の下の子どもたちの姿には、成長の喜びと不安が入り交じる。

親子で悩む花粉症対策

春めいた陽気が増えてくると、苦しい毎日が続くことになる。花粉症だ。マスク姿の人も多く見かけるが、実は我が家では私とちびザウルスが花粉症に悩んでいる。ちびザウルスが花粉症と診断されたのは二〇〇九年春。二月中旬の風の強いある日。夕方、保育園にお迎えに行くと、真っ赤な顔で、目は充血していた。

もともと、ちびザウルスは春先でなくても強い風に当たると涙目になることが多かった。「今日は風が強かったからかな」とちびに話しかけると、近くにいた保育士が「今年は結構、花粉症が早いみたいですよ」と、教えてくれた。

「こんなちびでも花粉症になるの？」と半信半疑の私。それでもあまりに顔が真っ赤になっているのをふびんに思い、翌日、朝一番で医者へ向かった。

血液検査をして、アレルギー反応を見るかと思いきや「注射、嫌い。お口あーんも、いや」とのちびの自己アピールが効いたのか、医師からは「明らかに花粉症の子には改めて検査しなくてもいいですよ」との優しい言葉をいただいた。横にいたちびザウルスは満面、笑顔だ。

帰宅して、夫に告げると「三歳で花粉症？」と笑いころげた。四十歳になってもこの病のつらさを知らない人は気楽だ。三年ほど前から外出にマスクがかかせない私は「三歳から花粉症と一生つきあうのか……」と少し、暗くなった。

結局、五月ごろまではかゆみなどを抑えられる薬を毎朝、服用して登園することになった。この薬、結構甘くておいしいらしい。ちょっと目を離すと、なぜか飲む必要のないあにザウルスが口に入れている。

マンツーマン作戦のゆくえ

双子を育てていると、「もし、これが一人だったら」と、思ってしまうことがある。二人が同時にぐずったり、抱っこを求めてきたり。一人だったら欲求を満たせてやれる場面でも、二人いることで、二人ともにあきらめさせる場面も出てくるからだ。双子、あるいは年齢の近い兄弟を持つ親特有の、つらい部分だ。

ふざけたり甘えたりも、二人いると相乗効果で、それぞれがパワーアップする。だから、どちらかが病気で一人は医者に行き、元気な一人が保育園に行く時などは、とてもいい子になることが多い。

「この現象を使わない手はない」と、夫と結託して、「マンツーマン作戦」というものを敢行したことがあった。双子のうちのどちらか一人を、父親、母親が一人ずつ担当するという作戦だ。

決行の場所は桜が満開の東山動物園（名古屋市千種区）。正門を入ってすぐに、一人がキリン、一人がゴリラを見たいと言ったのをきっかけに夫はあにザウルス、私がちびザウルスを担当し、作戦を開始した。

私の担当となったちびは、最初こそ一人っ子を楽しんでいたものの、カバを通過したあたりから「パパは？」と、別動隊の様子を気にし始めた。スカイタワーにさしかかるころには「みんな一緒がいい」と半べそ。

携帯電話でパパと連絡を取り、合流すると、二人ともにこにこ顔だ。あにザウルスは言葉には出さなかったが、しばらく私のトレーナーを引っ張って歩いた。やはり、心細かったのだろう。

セットでいることが当たり前の双子。楽をするために引き離そうと考えた母は、ちょっと、反省した。

二卵性なのにいつの間にかそっくり

我が家の双子は二卵性だ。だから、普通の兄弟程度しか似ていないはずだし、実際、あまり似ていなかったのだが、四歳になるころになると、その二人がそっくりになってきた。保育園では担任の保育士から、はては同じクラスのお友だちまで、見間違えたというのだ。

二人に何が起きたのか、ちょっと考えてみた。

まず、体格が一回り大きかったあにザウルスが、背が伸びた関係で、ほっそり見えるようになった。がっしりした体格で丸顔だったが、あごが少しとがってきた。顔つきも、以前は赤ちゃんぽい、あどけなさがあったが、今ではすっかり、幼児の表情だ。

一方、この時期食欲が旺盛だったちびザウルスは、逆にぽっちゃりしてきた。体重はもうすぐ四歳なのに二歳児の平均程度の「がりがり」だが、あにザウルスよりよく食べることもある。年少クラスになってからは運動量が増えたからか体重は急増していないが、以前に比べるとふっくらした印象だ。

髪形が似てきたことも影響しているかもしれない。

幼いころから髪があったあにザウルスと比べて、ちびザウルスは、二歳前の入園式のころでも頭は「ひよひよ」。それが、ちょっと栗毛ぽい髪を風になびかせるほどになっていた。髪形も、千葉のおばあちゃんが来るたびにカットしてくれるので、似ている。

おそろいの服に、似たような顔。今まで味わえなかった一卵性のだいご味を、二卵性なのに楽しめるとは思わなかった。わずかな期間だろうがいましばらく、満喫したい。

四歳の誕生日に思ったこと

無事、四歳の誕生日を迎えた我が、双子ザウルス。このころになると、いたずらや生意気な言動が絶えなくなった。身長も一メートルほどになり、もはや「赤ちゃん」ではなく、「子ども」のたたずまいだ。

二人とも未熟児で生まれた。ちびザウルスは、おみそ一袋分ほどの体重。二台並んだ保育器の中で、口にはミルクを与えるチューブが入り、胸や足に機械が付いたまま、小さな寝息をたてていた。「こんなに小さくて、本当に育つのか」と不安を感じたものだ。

退院後は、不眠不休の日々が続いた。三時間おきの授乳では哺乳力の弱いちびはすぐに空腹になってしまい、一時間半おきに泣き出した。そうこうしている間に、兄貴の番。夫婦ともに体力勝負。あにザウルスは一歳になるまでに、二度の入院を経験している。

保育園に入ってからは、今度は毎日が「お祭り」だった。必死な思いで保育園に子どもを送り込み、職場へ。夕方になると「何時に迎えに行けるだろうか」と、おしりがむずむずしてきた。

「あすのことは思い煩《わずら》うな」という聖書の言葉が、何度も頭をかすめた。「あす」のことより、「今日」を乗り切ることで精いっぱい。病気になれば、夫はもちろん、じぃじ、ばぁばもフル稼働し、快復を祈った。

今では自分たちを「赤ちゃんじゃない。お兄ちゃん」と言い切る二人。でも、甘えん坊で、親から見れば、まだまだ赤ちゃんだ。

でも、子どもが四歳になったのを実感した瞬間というのがあった。旅行先の宿泊費や施設の入場料が四歳から有料になるところが増えた。成長の喜びとともに、少なからず、ショックを受けた。

誕生会でわかる子どもの世界

保育園では、同じ生まれ月の子どもたちを祝う誕生会がある。年に一度、ちょっとだけだが、仲良しのみんなの前で脚光を浴びる瞬間。我がザウルスたちも二人とも、とても楽しみにしていた。

私は参加したことがないが、同じ保育園に通うめいっ子やザウルスたちからの話を総合すると、会の様子がだいたいわかる。「お名前は?」「好きな食べ物は?」など、簡単なインタビューの後に、誕生日の子どもたちが好きなお友だちが指名でき、プレゼントとカードをもらえるらしいのだ。

四歳の誕生会での出来事。女の子と遊ぶことの多いちびザウルスは、ずいぶんと前からクラスでも仲良しのじゅねちゃんとももちゃんにプレゼントをもらうと張り切っていた。「もう、決めたならば、先生に言わなければだめだよ」と私が言うと、

「だいじょうぶ。もう、お願いしたから」とのこと。直接交渉で本人から快諾されたというから、その手回しの良さにびっくりした。

あにザウルスは「プレゼントはだれからもらうの？」と尋ねるたびに返事が変わったが、男の子の名前が出ることが多かった。「女の子でなくてもいいの？」と質問すると「うーんと、じゃあ（担任の）ゆい先生！」と、わかっているのかいないのか、はっきりしない返事ばかりだった。

さて、当日。ちびザウルスは女の子たちとの約束を反故《ほご》にして直前に我が家に遊びに来た、たいちくんを指名。何か男の契りがあったのだろうか。あにザウルスも予想に反して、仲良しの女の子、なーちゃんを選んだという。

子どもの世界の人間関係。大人では計り知れないスピードで進んでいるようだ。

ついに三人乗り自転車を購入

ずっとほしかった三人乗り自転車が、二〇〇九年夏にようやく発売された。それでも、なかなか品定めに行く精神的、時間的な余裕がないうちにあっという間に秋になってしまった。気持ちの良い陽気が続くなかで「自転車でお出かけするならば今かな」という気分になり、ようやく、自転車専門店へ出向き、十月になって購入した。

通常の自転車よりも、フレームが太く、重心も低いらしい。子どもを乗せる補助いすをハンドルの前の部分と後部席につけてもらい、準備完了。購入したその日に、まずは近くの公園まで、ドライブに出かけた。

前の座席で座らせられるのは体重が一五キロまでと決められている。この時すでに一五キロを超えているあにザウルスは適用外なので、前の座席は必然と現在一三キロのちびザウルスの定位置になった。小学校に入学するころまではいけるだろうか？　ちなみに後部座席は二二キロぐらいまで、大丈夫らしい。

さすがに二人を乗せているので、ハンドルさばきやペダルにかかる重みはそれなりだが、気候の良さにも助けられて、こちらの気分も快適。新鮮な体験だった。

でも、振り返ると、自転車に人を乗せたことってあったっけ？　物心ついてから、二人乗りすらしたことがなかったのに気づいた。

「もし、自分がこけたら、この双子は……」。自動車を運転していた時には感じなかった感情が、にわかにわいてきた。たかが自転車、されど自転車である。

あれこれと考え始めたら、さわやかな気分から一転。少し胃が痛くなってきた。安全運転を心がけるつもりだ。

サンタさんに言いたいことって?

毎年、師走に入ると街中ではイルミネーションが輝き、クリスマスツリーが飾られるようになる。ザウルスたちにとって楽しみな、クリスマスがもうすぐだ。

甘党のあにザウルスは、プレゼントよりもクリスマスケーキが気になるらしい。家族の誕生日では、真っ先に飾りのチョコレートに、ぱくつく。彼にとっては、クリスマスも誕生日もあまり違いはないらしく、昨年はクリスマスケーキのろうそくも「ハッピーバースディーツーユー」などと歌いながら、吹き消していた。「きちんと説明しなければ」と、思いながらも「まあ、クリスマスもイエス・キリストの誕生日だからいいか」と、大目に見てあげた。

ちびザウルスはクリスマスが大好きなようで、二〇〇九年の夏の七夕では、短冊の願い事に「はやくクリスマスにきてほしい」と書いた。先日は「サンタクロースに言いたいことがあるんだけれど、どうしたら会える？」と真顔で聞いてきた。「何を話すの？」と聞いても、「大事な話だから、自分で言う」。どうやら、直接、プレゼントの交渉をしたいらしい。

テレビでおもちゃのＣＭが流れると「これ、買って」と言う二人には、そのたびに「サンタに頼んだら」とかわしてきた。そのため、サンタにお願いしたいおもちゃは「クレーンゲーム」「（おもちゃの）パソコン」「テレビゲーム」など、数限りない。

二人にはほしいプレゼントの絵を一つだけ描かせ、パパからサンタに渡してもらうと言ってある。さて、何を要求するのだろうか。サンタにも予算があるだろう。サンタの財布の中身を、ちょっと心配した。

立春の人間湯たんぽ

二〇一〇年は二月四日が立春だった。暦の上ではもう春なのだろうが、朝、目覚めても、ふとんから出てくるのがまだまだおっくうな季節だ。

我が家の場合、私を真ん中に二人のザウルスたちを両脇に置いた、いわゆる「小」の字で寝ている。猫の子ではないが、狭いベッドで人肌に触れて寝ているので、確かに温かい。つまりは、「人間湯たんぽ」のような状態になる。

たぶん、ザウルスたちも同じことを感じているようで、前夜に少し離れて寝ていても、少しずつ、少しずつ、近寄ってくる。最初は手が伸びてきて、そのうち、足が絡まってくる。しばらくすると、「ごろり」と、体ごと寝返り。あっという間に私の顔の真ん前に子どもの顔が来ていることがある。

とはいえ、一緒に寝ていると、温かいことばかりでもない。というのは、二人とも、とてつもなく、寝相が悪いからだ。

ちびザウルスは頭の位置が九〇度変わっているのは当たり前。時折、枕の横に足が来ていることもある。あにザウルスはふとんをけ飛ばすのが得意で、気づくといつも掛け布団の上で寝ている。私は同じ布団で寝ているわけだから、体の上にあったはずの布団がない状態で、寝ている。

子どもたちには寝冷えしないようにちゃんちゃんこのようなものを着せているが、こちらはパジャマのみ。寒くて目を覚ましてしまうことも度々だ。二人の寝顔に「ちゃんと寝てよ」と訴えながら、もう一寝入りするが、そう、すぐに寝つけられるわけではない。「春は名のみの風の寒さ」を実感する日々が、本当の春がやってくるまで、続く。

第2章　ワーキングマザーのつぶやき

未来の球児を今から洗脳

長年、高校野球の取材にかかわり、幾つものドラマを目の当たりにしてきた。毎年、微力ながらお手伝いもしてきた。

実は我が夫も、子どもができる以前から高校野球ファン。学生時代から幾度となく甲子園球場に通っているし、高校野球が開幕すると体がうずくらしい。

だから、出産前に双子ザウルスが二人とも男の子とわかって以来、夫婦では「大きくなったら高校野球をやらせよう」などと語り合ったものだった。

子どもにはおもちゃとして、軟らかい野球ボールをあげたりバットの形をしたカタカタを持たせたり。当のご本人たちは当然理解できていないから、ボールやバットを口に入れるなど、本来とは違う遊び方で、楽しんでいた。

そこで、私が思いついたのは「洗脳教育」。野球を身近に感じてもらおうと子どもが一歳ごろから折を見ては寝る前に、「三番ファースト……くん」「四番センター……くん」などと、球場の場内アナウンスのように名前をフルネームで呼び上げることにした。

最初のうちは反応すらしなかったが、保育園に行くようになった年の春ごろからは名前を呼ぶと「はいっ！」と返事をするように。実際、場内アナウンスに返事する間抜けな球児はいないが、「まずは成功」とこちらはにんまりだ。

ところが、しばらくするとマンネリ化してきたのか、返事をしなくなった。逆にお気に入りのアニメに登場するキャラクターの名前を自分たちで言い合っては、「キャッ、キャッ」と喜んでいる。

親の願いはかなうのか。答えは十五年後である。

おふくろの味ってなんだろう？

朝食に前夜の夕食の残ったおかずを食卓に並べる家庭は多いと思う。でも、我が家では、朝食の残り物を夕食に食べることの方が多い。

というのは、夕食の支度は子どもたちを保育園に迎えに行き、一緒に帰宅した後、手早くしなければいけないが、朝食の場合、私だけ早起きをすれば、ある程度の時間が計算できるからだ。

カボチャの煮物やきんぴらゴボウなど、ちょっと多めに作っておいて、帰宅したらすぐに食べられるようにしておく。

下手に準備に手間取っていると、空腹の双子ザウルスは、せんべいやバナナに手を出す。夕食の支度ができていると、ザウルスたちの食いつきもいい。

それでも、仕事が遅くなってどうしても間に合わないときは、奥の手として、子ども向きのレトルトカレーの登場となる。

タイマーで仕掛けた炊きたてのごはんさえあれば、かけるだけ。もともと子どもの好きなメニューだけに「おかわり」と、スプーンを何度も口に運んでくれる。

ところが、母親としてはちょっと複雑な思いになることがある。

休日などに「たまには少し手の込んだ料理でも作ってあげようかな」と、煮込み料理などを食卓に並べても、食べてくれないのだ。

そんな時は決まって「納豆ごはん」とか、「カレーライス」など、全然、手がかかっていないメニューを要求してくる。

双子ザウルスが大きくなった時に思い出のおふくろの味が、レトルトのカレーだったら……。そんなことを考えると、ちょっと悲しくなる母だった。

双子育児に大切なものは？

双子育児に欠かせないもの。抱っこひも、二人乗りベビーカー、おそろいの服……。いろいろあるが、「最も」となると、私は、周囲の協力だろうと思う。

まだ、ザウルスたちの体重が軽いころ。神様が人間に二本の手を授けてくれたことに心から感謝したものだ。なぜかというと、同時に二人を抱っこできるから。しかし、軽い方でも一二キロを超え、二人合わせれば二五キロほどとなるころには、二人一緒に抱き上げるには、いささか腰が痛くなってきた。

なんてったって同じ年齢の子どもが二人、一緒に暮らしているのだ。眠くなって抱っこをせがんだりなど、生活の中のタイミングは、どうしても同時になる。とはいえ、私の体はひとつだ。

そんなことでじぃじ、ばぁばらにも協力してもらうが、やはり、最も力になるのは「ザウルスの父」だ。同業他社に勤める夫は夜勤が頻繁だが、日中、家にいることも多い。ローテーション職場で、急な出番が少ないのも戦力としてありがたい。ミルクを飲ませたりおむつを換えたりは当たり前。私の職場復帰後は、彼の休みが、私の夜のお出かけの日だ。

子どもと接している時間が長いためか、夫は、母親が知らなかったことをいくつも経験している。一番最初の歯を見つけたのは、二人とも夫だった。つかまり立ちも二人とも彼が最初に気づいた。ちなみに、ザウルスたちより二歳下のめいっ子の歯も、なぜだか彼がだれよりも早く、発見している。

「おれの自由時間はあるのか！」と時には爆発する夫。このフォローはザウルス以上に手がかかるが、感謝は尽きない。ありがとう。

たまにだからいい？　手作り弁当

ザウルスたちの保育園では年に三回ほど、遠足がある。といっても、乳児クラスは普段の散歩コースの一つでもあるちょっと遠い公園に行き、ゆっくり遊んでくる程度だ。でも、広い公園で走ったりどんぐりを拾ったりする遠足は、楽しいに違いない。幼児になると、地下鉄に乗って、少し遠出もする。

普段との一番の違いは、昼食が給食ではなく、家から持参する弁当という点。でも、まだ、幼いので、乳児クラスは、保育園に戻ってきてから食べる。幼児さんになって初めて、現地でお弁当が食べられるのだ。

我が家の定番メニューは、おにぎりにハンバーグ、きんぴらゴボウ、ウインナー、彩りにトマトとアスパラガス……。デザートは、ぶどうとみかん、いちごが多い。

保育園に弁当を持参するのは、年に数回。だから、我が家の弁当の献立は、ほぼ毎回、一緒だ。

二歳児クラスの秋。初めてお弁当を持たせる遠足があった。子ども用の弁当箱に小さくて丸いおにぎり、きんぴらゴボウ、ウインナーを入れたらすぐにいっぱいになった。大食漢のあにザウルスは足りなかったらしく、「隣のお友だちの弁当箱のふたをなめていた」と、後から聞いた。

その教訓から、二度目の弁当持ちの時からは、一人につき弁当箱を二つに増量。「多いかな」と思いながらも「足りないよりいいか」と、持たせてみた。すると、今度は「適量でした」。

毎回、二人とも二つの弁当箱はともに空っぽだ。きれいに食べてくれると、作ったこちらも気分が良いものだ。

遠足後、ちびザウルスは時々、「今日もお弁当がいい」と駄々をこねる。その度に「お互い、たまだから、いいこともあるよ」と心の中で思う。ぐうたらな母である。

バーゲンで悩ましいサイズ選び

毎年、新年明けの初売りごろから冬もの衣料のバーゲンが始まる。兄弟のお下がりがない、同時に同じものが二つずついるなど、何かと物いりな双子育児。すぐに着られなくなる子ども服には、バーゲンは欠かせない。毎年、季節の変わり目のバーゲンで、次の年に着る服を買うようにしている。

悩ましいのはサイズ選びだ。今の体格を基準にすると、来年は小さくなる。三歳で九五センチ、四歳で一〇〇センチなど目安はあるが、小さめに生まれているザウルスたちだけに、三歳七カ月当時で、着ている服の主流は、細身のちびザウルスで九〇センチ、がっしりしているあにザウルスで九五センチぐらいだった。

となると、当然、来年を見越した「買い」のサイズは九五センチか、一〇〇センチ。でも、厚着になる冬服で、四歳半になっている来シーズン、ちびザウルスは、九五センチでもいけるだろうが、あにザウルスはちょっと不安。「やっぱり一〇〇センチかな」という気持ちになる。

私も最近、認識したが、子ども用の衣料というのは、九五センチまではベビー服の扱いで一〇〇センチからが子ども服。売り場が違うショッピングセンターもあり、前にも紹介した「こだわりのおそろい」を達成するには、売り場を行ったり来たりと、一苦労だ。じゃあ、素直に一〇〇センチ二枚でいいのかというと、背はあるものの細身で、長めのズボンならば、いまだに八〇センチも着られるちびを見ていると、いくら来年とはいえ、一〇〇センチはちょっとためらわれる。

こんなことを繰り返して疲れてしまい「いつかは着られる」と、やけになって一一〇センチを二枚買うことすらも。結局は買い物下手な母である。

母の病気にザウルスたちは？

第1章で「子どもの胃腸かぜを警戒するためには、親はかぜもひけない」などと、書いた。しかし、親も人間。日ごろの不摂生から、不覚にも発熱することだってある。

私が発熱した時の出来事。とは言っても、育児には休みはない。ちょっと無理をしながらも食事を作ったり、寝かせたり。いつも「お熱の時は暴れてはだめだよ」などと言い聞かせているのを思い出し、少しはおとなしくなるかと、夜、寝かせる時にザウルスたちに「ママ、お熱なんだ」と、打ち明けてみた。

あにザウルスは急に何を思ったのか、「はーくしょん、はーくしょん」とうそのくしゃみをした後、「マスクしなさい」と、命令調。「はい」と従うと、「ゆりかごの歌を……」と歌いながら、私の背中を「とん、とん」とたたき出した。寝かせてくれようとしているらしい。歌が終わると「ママ、お熱だから寝なさい」と言い、私のふとんに潜り込んだ。

その様子を見ていたちびザウルスは冷静な表情で「お薬飲めばいいんじゃないの?」と、助言してくれた。私が「お薬はご飯の後に飲んだからいいよ」と言うと、今度は「じゃあ、お医者さんに行けば?」と、ごもっともな意見が続く。ちょっとおもしろくなってきたので、やりとりをしてみようと「でも、ママは注射嫌いだから」と切り返した。すると、「大丈夫、ぼくがついているから」と力強い言葉が返ってきた。

結局、この時の風邪はこじらせないうちに治ったが、ザウルスたちの優しい一面がかいま見られて、ちょっとうれしかった。母の心は、発熱した時のまま、いつまでもほんわか、温かかった。

〝小〟の字で寝るのが肩こりのもと

二〇〇八年の末に引っ越しをしてから、我が家の寝室が少し狭くなった。そのため、これを機会に夜勤で深夜に帰宅することの多い夫は、別の部屋で寝ることにし、双子ザウルスと私の三人が、一緒に眠りにつくことが増えた。

一般的に、親子が三人で寝ることは、「川」の字で寝ると言われる。でも、我が家では、たとえる漢字がちょっと違う。私がザウルスたちを、両脇に抱えるかたちなので、「小」の字だ。

シングルベッドとセミダブルベッドを二つ並べているが、なぜか寝る位置はセミダブル側に偏る。二人とも、自分の体のどこかが私の体のどこかに触れていないと眠れないらしく、手を伸ばしてきたり足を絡ませてきたり。最初は少し離れていても、気づくと私の体にくっついている。

セミダブルといっても、親子三人が寄り添って寝るには、正直、狭い。だから、私には寝返りも打てないようなスペースしか与えられず、どちらかの腕を下にして、子どもを踏まないようにそっと体の向きを変えなければいけない。

ちびザウルスは、ややうつぶせ気味に寝入り、枕の下に手を入れるのが癖。実は、これは私の癖でもある。あにザウルスは寝相が悪く、眠りが深くなるにつれだんだん、「大」の字になってくる。時々、枕が頭からずれて「犬」の字になっていることもある。

ザウルスたちと三人で寝る利点は、朝一番の笑顔を独占できること。二人が「おはよう、ママ」と笑いながら言ってくれると、その日一日、楽しく過ごせる気がする。そして、一番の欠点はとにかく、肩が凝ること。これは年齢のせいではない。

母として、記者として

頑張る女性を応援するプロジェクトにかかわっている。これまでに三回のシンポジウムの企画・運営にかかわった。二〇〇九年三月に開いたイベントはシングルマザーで、双子の女の子を育てている歌手の山下久美子さんがメーンゲストとあって、かつて在籍したことのある双子サークルの方々にも案内を送り、参加を募った。当日は、十数人の双子ママが来場し、楽しんでくださったようだ。

シンポに参加してくださった方々と知り合ったサークルだが、実は、私は子どもが一歳半になるまで、ほとんどひきこもりの育児生活だった。二人の子どもを連れて外出するしんどさが怖かったからだ。夫か母、義母ら、だれか助けてくれる人がいないと、病院や保健所、公園、買い物すら一人では行かなかった。

復職を翌春に控え、意を決して外出したのは「育児の交流社会を少しは知っておきたい」と思ったからだ。でも、右と左に走っていくザウルスたちを追っかけ、疲労を感じた記憶しかない。

サークルに参加するママたちは、まだ元気な方々だと私は思う。ひょっとしてかつての私のように、自宅にひきこもっている母親はいないか。「悩んでいるのは自分だけでない」と思うだけで楽になることだってあるのに。

二人は一人の倍数だ。双子も一人も悩みは一緒。この「双子ザウルス奮闘記」は、外出もできないような育児ただなかの方々に読んでほしいと切に願う。育児の喜怒哀楽ほど、同じ立場にいる者、いた者同士で、共感できるものだと思う。

母として、記者として。やるべき仕事はここにもあると、感じている。

お風呂で感じる子どもの成長

汗ばむような陽気の日が増えると、お風呂が気持ちの良い季節になる。風呂という場所は、子どもたちの成長ぶりがよくわかるところだと、感じている。

生まれたてのころは、食卓にタオルを敷き、肌着やおむつを用意して、沐浴させた。最初のうちはベビーバスを使ったが、そのうち面倒くさくなり、浴槽に直接入れて、洗うようになった。

「湯上がりに風邪をひかせたら大変」と、夫や実母、妹、千葉県に住む義母まで駆使して、風呂上がりの子どもを「キャッチ」する担当があった。自分一人で浴槽に立てるようになるころまで、このお手伝いはお願いしていた。

子どもでも、風呂はリラックスする場所。股間にある小さいホースから放水されたのは、数え知れない。そのたびにお湯を張り替えたことも、懐かしい思い出だ。

あにザウルスに至っては、風呂の中で二度、排便している。一回目は義母が風呂に入れていた時。二回目は私とちびと三人で入っていた時。いずれも、硬い便だったのが、せめてもの救いだった。

それが今では、自分からおけを手にして、下半身を中心にかけ湯をし、出る時も「肩まで、肩まで。一、二、三、四……」と、カウントダウンできるようになった。「ぴっか、ぴっかだよ」と言いながら、シャボンだらけになっている二人。時にはシャワーを使ってお互いにお湯をかけあったり、浴槽のへりに立って転びそうになったりしている。出てからも、自分でパジャマを着られるようになった。

風呂場で感じる子どもの成長。母は息子に裸を見られるのが恥ずかしくなるまで、一緒に入りたいと願っている。

〝双子割引〟がもっとあれば

大型連休などを使って、子ども連れで行楽に出かけられる方も多いだろう。最近では不況の影響もあって、十五～十六連休という方もいるとのニュースもあったが、子どものいる家庭が、いったいどうやって過ごしたのかは、興味深い。

体力がついてきた男の子二人をそれなりに満足させて、適度に疲れさせ、親もそれなりにのんびりできる近くのプレースポットというと、案外、思い当たらないのが本音だからだ。

そんな我が家がよく利用するのは、一定の料金を払うと一年間、利用できるという年間パス。なかでも、東山動植物園（名古屋市千種区）、名古屋港水族館（同市港区）の二つの施設のパスは、フル活用している。

利点はいくつかあるが、一番大きいのは、入ってしまえば交通事故の心配をしなくてもいいこと。子どもはどこかに到着すると、なぜだか、必ず走り出す。道路や駐車場でも駆け出すから、親としてはヒヤッとする。車が進入してこないというだけで、そんな心配は不要で、親も安心だ。

経済的にお得な点も、見逃せない。東山動物園は五回以上、名古屋港水族館は三回以上行けば、モトが取れる。いったん購入すると「また、行こうか」という気分になるから、不思議だ。

選択肢がなかなか増えないのがつらいが、ある屋内型のアミューズメント施設には「双子割引」というのがあった。二人で一人分の料金で利用できるというありがたい制度で、周りを見渡すと、確かに双子が多かった。

子どもにも、親の財布にも優しい子連れで行ける遊び場。増えてほしいと願うのは、私だけではないと思う。

初めての母の日のプレゼント

五月の第二日曜は「母の日」。私も母親になってやっと五年。今までは期待もしていなかったから、気にも留めていなかった。でも、最近、ザウルスたちと会話が成立していることもあり、四歳になった年の母の日には「今日はママに『ありがとう』を言う日だよ」と、それとなく感謝の言葉を請求してみた。

あにザウルスは「ふーん」と言ったきり、テレビから目をそらさない。ちびザウルスは明らかに聞こえているのに「……」。「まだ、無理かな」とあきらめ、夫に聞こえるように「今年も母の日は何もないわ」と、嘆いた。

当日は、一カ月に一度ほど千葉県から手伝いに来てくれている義母と私の実母を交え、夕食。夫が買ってきたカーネーションを一輪ずつ贈った。

愚痴が効いたか、私に気を遣った夫は、ザウルスたち用にも二輪買ってきてあり、ザウルスたちから私に手渡しするよう促したが、あにザウルスは床にほったらかし。ちびザウルスは茎を短く折ってしまった。「まあ、こんなものか」とあきらめていたが、翌朝、思わぬ出来事が待っていた。

ミトコンドリアのような物体が描かれたＡ４判の紙に、菓子の包みにあったひもがテープでついていて、首飾りになっている。あにザウルスは「飾りだよ、おめでとう」と首にかけてくれ、ちびザウルスは「作ったのはぼくだよ」と抱きついてきた。物体は私の顔らしい。昨夜のセレモニーを勘違いし、私に何かを贈らないといけないと、思ったようだ。

初めての母の日の贈り物は、高価でもなく便利でもないが、でも母の心を揺さぶる、最高のプレゼントだった。

夢は双子バッテリー

我が夫婦は、二人そろって高校野球ファンだ。毎年、夏の高校野球が開幕するころになると、お互い、そわそわしはじめる。我が夫婦にはザウルスたちを「未来の球児」にする夢があり、それを実現させるべく「洗脳教育」をしていることは、本書の六八ページでも紹介した。その後、日々の生活に追われて洗脳教育どころではなくなっていたが、二人も成長してくると、簡単なキャッチボールなどができるようになってきた。

もちろん、おもちゃのグローブとボールである。それでも、キャップをちょっと斜めにかぶり、ボールを投げる格好は、「親ばか」ながら、なかなか、さまになっている。

私譲りのサウスポー、ちびザウルスは、なかなか左利き用のグローブが見つからなかったが、千葉のおばあちゃんがバザーで見つけて送ってくれたものは左右どちらでも使えたので助かった。フォームも教えたわけではないのに、いいかたちをしている。「スポーツで左利きは有利。いけるかも」と、期待が膨らむ。

あにザウルスは、どちらかというと、上から投げるよりも下から投げるのが好きなようだ。私は高校時代、ソフトボール部に所属していたから、「その影響もあるかな」と、勝手に決めつける。その代わりに捕球が上手で、体で球を受け止めながら、後ろにそらさないように必死になっている。

何となくではあるが、「双子バッテリー」の誕生だ。どこかの新聞の見出しのようである。

子どもたちの活躍が新聞記事になるような日が来るのだろうか。高校野球取材に携わるようになって二十年以上の私。我が子のことを客観的に書く自信は、十年後でもとてもない。

母はなくても子は育つ？

二〇〇九年の夏は、高校野球と総選挙が相次いで、おこなわれた。朝日新聞はこの二つの報道をとても大切にしているため、社内の記者の多くは、夏休み返上で忙しく働いた。私もご多分にもれず、高校野球報道にかかわった。そして、中京大中京（愛知）の全国制覇の現場にも立ちあった。

六月下旬から約二カ月、早朝から夜遅くまで会社に詰めたり、甲子園球場と自宅を行ったり来たりする日々。ザウルスたちの保育園のお迎えや夕食の支度、寝かしつけなどは夫に勤務の無理をお願いしたのに加え、名古屋のじぃじばぁば、千葉のおじいちゃんおばあちゃんをフル稼働して、乗り切った。

母親不在の最初のころは、普段の生活の延長からか、それほど大きな変化はなかったが、二週間ほど過ぎると、ちびザウルスが毎朝「ママ、今日も遅い？」と聞いてくるようになった。あにザウルスも「ママ、お仕事だめ！」と、毎朝、登園する時にぐずるようになってしまった。

保育園に送り出せば、普段通り、お友だちと楽しくしていたようだが、入浴や就寝の時は「ママと一緒がいい」「ママと寝る！」などと夫を困らせたらしい。

おじいちゃんおばあちゃんとお出かけをしたりじぃじばぁばと食事に行ったりする時は気がまぎれているが、ふとしたときにママがいないことに気づくと「ママは？」とぐずった。三週間目に入ると、「ママと電話したら寝る」と交換条件を出すようになった。

仕事と育児の両立では、家族への負担、自分のストレスなど、言葉では言い表せない苦労があるのを改めて実感した。「疲れた」「忙しいの」「寝た後に帰るね」。いつの間にか親の口癖を覚えてしまった子どもの姿がふびんになる時もある。

ママのお仕事、野球なの？

仕事がたて込んでしまうと、保育園のお迎えに行けなかったり帰宅が遅くなったりしたことが続く。こういう場合は、全面的にパパにお任せするが、わがまま盛り、甘え盛りのザウルスたちだけに、さすがのパパも苦労することが多いようだ。言葉がわかるようになってくると、「何のお仕事？」「何するの？」などと問いかけてくることも増えてきた。「今日はね、新聞をつくりに会社へ行くんだよ」などとそれとなく説明すると、「ふーん、お仕事って新聞なんだ」とか、「ママは朝日新聞だよね」などと、わかったようなことを言うようになってはきていた。

二〇〇九年の夏から秋にかけてと、二〇一〇年三月下旬は高校野球の担当デスクだったため、大阪への出張が相次いだ。どうしても子守の手配がつかず、名古屋から、阪神甲子園球場に日帰り通勤する日も続いた。いずれも、名古屋本社管内である東海勢が優勝したりベスト４に進出したりと活躍したため、宿泊出張も増えた。

夫によると、朝、母親がいないことに最初は二人ともとまどっていたようだが、たび重なったことで、「ママはお仕事だよ」という説明には納得し、ぐずることも減ったという。やはり、慣れというものは大きいようだ。

この時も「お仕事って、何するの？」などと聞いてきたので、「野球だよ、野球のお仕事で、おうちにいなかったんだよ」と説明した。

でも、誤解もあったようだ。ある日の会話から。

あにザウルスの「ママ、野球勝った？」との問いに「勝ったよ」と私。「おめでとう、ママ」。それを聞いていたちびザウルス。「ママ、野球勝った？」「勝ったよ」「（ボールを）ちゃんと取れた？」「……」

母親の仕事の具体的な内容を、きちんと説明しなければいけない時が近づいているようである。

洗濯物の山、だれのもの？

暑い毎日が続くと、家族の人数が多い家庭でもそうだろうが、洗濯が一苦労になる。すぐに乾くのはありがたいが、あっという間に汚れ物が山のようになり、ベランダに干しているとすぐにも二十〜三十分がたってしまう。その作業でこちらは一汗。それでシャツを着替えると、また、洗濯物が増える。

わが夫婦はともに汗かきだ。私は毎朝、子どもの登園準備や通勤途中でも汗が噴き出し、髪形はシャワーを浴びた後みたいになる。

夫は見るからに汗かきの体格に加え、水分を頻繁に補給するため、いつも汗びっしょり。冬でも暖房の効いた屋内では汗をかくため、半袖で過ごす人だ。

この二人の血筋を受け継いだザウルスだけに二人とも当然のように汗かきだ。お昼寝の時などは、枕とタオルシーツが湿るほど、汗をかいている。

さらに汚し盛りの年ごろ。最近は保育園からの「お土産」が増えてきた。お着替えやプール遊びなどでぬれた汚れ物、もちろん、まだまだ、おもらしもある。

保育園に着せていく衣類については一種の賭けのようなところがある。ちょっと奮発して買った、ブランドものの新品を着せた日に限って、どろどろで帰ってきたり、食べこぼしがひどかったり。なかなか汚れが落ちないと、執念で、二度洗いという事態に。結局のところ洗濯物は減らない。

ある日のこと。洗濯機に入りきらない洗濯物の山を呆然と見つめながら、だれのものが一番多いか、一枚一枚、分析してみた。

事前の予想通り、一番多いのはパパ。「ふっー」。ため息をつくママだった。

突然の病気に親はひやひや

子どもの病気に注意しなければいけない季節といえば、つい冬場をイメージしてしまう。でも、冬場だけでなく、夏場に流行する病気は、いくつもある。最近は新型インフルエンザが話題になったが、保育園では、夏風邪や手足口病などの病状を訴える子どもも多い。

我が家のザウルスたちも、二〇〇八年の夏はあにザウルスが八月に入ってから手足口病になった。口の中にできものができるため、食事をするたびに泣きわめき、大変だった。ちびザウルスも突然、高熱が出て、深夜に解熱剤の座薬を入れたことがあった。

夏場は屋外は炎天下なのに屋内は冷房が「きんきん」に効いているところが多い。それだけに温度調節には気を使う。家庭でも、寝かしつける際に冷房の電源をタイマーで切れるようにしておくが、親の方がつい暑さに負けて、夜中に再度、電源を入れてしまう。

二〇〇九年夏。私が大阪出張の際に、ちびザウルスが発熱した。三十七度九分。保育園から「とりあえず、ご連絡」の一報を受けた後、じぃじばぁばを保育園に派遣。早めに帰宅させて、私も家路を急いだ。

その二日後にはあにザウルスが熱を出した。いわゆる、双子育児で最も、恐れなくてはいけない「地獄の時間差攻撃」（本書一一八ページ参照）である。この時のあにザウルスは「おなかが痛い」というオプション付き。三九度まで熱が上がったため、小児科に駆け込んだが「単なる夏風邪」との診断。次の出張までに熱が下がるのをただ、ただ祈ると、何とか一日で快復した。

親が一番、振り回されるのが子どもの病気。でも、普段は言うことを聞かない「悪ガキ」が甘えてくる瞬間は、それはそれで、いとおしい。

仕事とおうち、どっちが大事？

週末出勤が重なり、ザウルスたちを自宅に置いて私だけ出かけていく日が何回か続いた。保育園に送り届けてから出勤し、帰宅が遅くなることはしばしばあるが、母親だけが出かけていくというのは、ザウルスたちはあまり経験したことがなかった。

神経質なちびザウルスは、何となく周囲の空気で間もなく母親がいなくなるであろうことを察したらしく、私の姿がちょっと見えなくなるだけで「ママは？」と所在確認した。トイレにいても「ママは？」。洗濯物を取り込んでいても「ママは？」である。いざ、外出の時間になると、「ママがいいっ！」を連発。足にしがみついて離れようとしなかった。

一方のあにザウルスは、ちびザウルスの言動を冷静に見ていたが、こちらも出かける段階になると「ママ、お仕事だめ！」「お仕事はやめて！」などと、にわかにちびに加勢し、しくしく泣き始めた。二人そろって感情をあらわにして懇願されると、やっぱり心が揺らいでしまう。ここまでされると、さすがに後ろ髪をひかれるが、ここで甘い顔をすると、かえって長引くのは経験済み。心を鬼にし、玄関へむかった。

外出後、夫に二人の様子をメールで聞くと「いなくなったら、けろっとして、おもちゃで遊んでいたよ」。姿が見えなくなればあきらめもつくが、見えているうちは、だめなようだ。

ある別の日の出来事。ちびザウルスにこう聞かれた。「お仕事とおうち、どっちが大事？」

この重い質問の答えが一つだけではないことを、いつか、二人は理解してくれるだろうか。

習い事選び、送迎が悩み

子どもも四歳ともなると、習い事を始めるお友だちが増えてきた。スイミング、ピアノ、英会話、サッカー、バレエ……。少子化の現代、一人の子どもにかけるお金はそれなりらしい。だから、市場も成立するのだろう。

「小学校に入った時に泳げないと恥ずかしい」とか、「今どきの子どもは英語ぐらい習わせないと」などというご意見を耳にするたびに「我が家もそろそろかな……」と考え始めてはいた。

とはいえ、こちらは働きながらの子育てである。平日、保育園が開いている時間帯に迎えに行くので精いっぱい。まだ、子どもだけでは教室まで行き着けない年齢の子どもの習い事は、なかなか現実的でないのも事実だ。実際に習い事をさせているお母さん方に、その実践法を聞いてみた。

やはり一番多いのは、送迎を子どもの祖父母に頼むケース。保育園まで迎えに行ってもらい、そのまま習い事へ。終わり次第、帰宅してそのまま、母親のご帰還を待つ。年齢の低い子どもを対象にした教室は、夕方でも早い時間帯が多く、やはり、平日に習わせるには、それなりの人的対応が必要になるようだ。

仕事が休みの土曜日に習い事をさせている人も多い。習い事の教室では、土曜日に開講しているところも多いが、こちらは、それなりに人気がある。早めに手続きをしないとなかなか入れない。

いろいろと考え始めると、今の自分の働き方ではまだちょっと、限界があるように感じた。

「子どもだけで通えるようになるまではいいか」。とりあえず、問題を先送りした母である。

ママはジャングルジムじゃない！

「〝つ〟がつくまではひざの上」という言葉があるという。バースコーディネーターとして活躍する大葉ナナコさんの著書で知った。九つ（九歳）まで、なでたり抱っこしたりとスキンシップをたっぷり取れば、思春期に上手に離れていけるという意味だそうだ。

我がザウルスたちはいま、五つ。そういう意味では、まだまだ、母親のひざの上が大好きなのは当然のことだろうか。確かにカーペットやソファに私が座っていると、二人のうちのどちらかは必ず、ひざの上にいる。

すると、不思議なことにもう一人は今までやっていたことをやめてこちらへやってきて、片方のひざを無理やりあけ、二人で座りながら、ひざで遊び出す。

さすがは双子だが、私は一人。身長が二人とも一メートル以上、体重あわせて三〇キロ以上がひざの上に乗って暴れるわけだから、こちらは身動きが取れない。「順番、順番にしてくれない?」と頼んではみるが、たいていは二人とも聞こえないふりをしている。

私がいすに座って新聞や雑誌を読んでいると、肩や頭によじ登ってくることもある。「ママはジャングルジムじゃない!」と言っても、「だって、おもしろいもん」と、まったく、ひるむ様子もない。一人ならまだしも二人だから、最後は重みに耐えかねて、私ごと倒れ込むこともしばしば。倒れる場所を間違えるとけがにつながるから、こちらは冷や汗だ。

二人の体重を支えるのは、こちらの体力を考えると、この先、そう長くはないだろう。「今は温かく、柔らかい感触を二倍楽しめる時期」と割り切り、重みに耐える日々をこなす。

鬼より怖い、ママのつの

我がザウルスたちは、男の子にしては怖がりだと思う。テレビを見ていても、アンパンマンやドラえもん、ミッキーマウスなど、比較的、穏やかなアニメでさえ、けんかや対決のシーンになると怖くなって、居間から寝室に走って、逃げ込んでしまう。

だから、テレビでも実写の戦隊ものの番組は、ほとんど見ない。そういったキャラクターにはまったくと言っていいほど、興味がないようで、お友だちの持っているおもちゃや衣類にも無関心だ。

そんな二人が毎年、戦々恐々として迎える行事がある。節分だ。保育園での節分では、工作で鬼のお面を作ったらしいが、ちびザウルスは、自分のお面を「笑った顔」にしたという。自分たちよりも幼い乳児クラスに、そのお面をかぶって驚かせに行く前夜は「僕のお面は笑っているから、みんなも笑うかもね」と言っていた。はなから驚かせるつもりはなかったようだ。あにザウルスは「僕の鬼、怖い」などと自画自賛していたが、彼のお面も、怖いというよりはどこか、ひょうきんだった。

二〇一〇年の保育園の豆まきでは、事前の予想通り、ちびザウルスは鬼の登場に号泣したという。本人いわく「赤鬼と青鬼が本物だったから」。あにザウルスは「怖がりもせず、やっつけもせず、普段通り」とのことだった。

そんな、ザウルスたちに「鬼より怖い人ってだれ？」と聞いてみた。少し、考えてはいたものの、しばらくたって二人が顔を見合わせて、口をそろえて言った答えは「怒った時のママ！」。

その言葉に一瞬、頭に角がはえそうになった母である。

心に響く言葉とは

今回は、ザウルスたちから投げかけられて、胸に突き刺さった言葉と、うれしかった言葉をそれぞれ紹介する。

まずは胸に突き刺さった言葉から。

第三位「ママ、怒ってばっかり」。休みの日になかなか言うことを聞かない二人に、ついつい不機嫌になっている私。時間のある時ぐらいは優しくしてあげればよかったと、後から悔いた。

第二位「ママ、ぼくたちのこと、全然、見ていない」。朝、他紙を含めて新聞を読むのは、記者の仕事。子どもが話しかけてきても上の空で相づちを打っているとこの一言を浴びせられた。もう少し早く起きないといけないかな。

第一位「ママなんて大嫌い、あっち行って」。強く怒った後に、しくしくと泣きながらこの言葉を投げかけられると、こちらの胸も痛む。もっと、違った言い方、聞かせ方ができなかったのかと。

続いて、うれしかった言葉。

第三位「ママのごはん、温かくておいしいね」。帰宅後、てんやわんやで作ったいい加減な食事でも、子どもにほめてもらえるとちょっと、ほっとする。

第二位「ママとパパ、同じぐらい好きなのと一緒」。これは同じクラスのなーちゃんとももねちゃんの両方が好きと言うちびザウルスに、どちらが一番好きかを聞いた時の答え。我が子ながら、座布団をあげたくなった名答だ。

第一位「ぼく、ママ、だーい好き」。やっぱり、この言葉が一番、心に響く。

思わず顔をゆるめたり、しかめたり。子どもの一言で一喜一憂する自分。親として、人間として、子どもたちに育てられていることを、改めて感じ入る。

子どもを守る一番の対処法

子どもへの虐待のニュースが後を絶たない。暴力をふるったり食事を与えなかったり。被害にあった子どもと同じぐらいの年齢の子どもを抱える親としては、胸が締め付けられる思いだ。なんともやるせなくなってしまう。

自分の生活を振り返ると、自己主張が出てきた男の子二人の育児をしていくなかで、穏やかな思いでいられる時は、そうでない時よりも圧倒的に少ないと思う。

言うことを聞かなかったり言ったことを達成するのに時間がかかったりしていると、つい、大きな声を出してしまうし、思わず、手も出てしまう。「ふっ」と我に返るその瞬間の後、必ずといっていいほど、何ともいえない罪悪感にかられる。育児に必要な「待つこと」「許すこと」がなかなかできない自分に腹がたち、「育児には向いていないのでは」と、落ち込んだことだってある。

でも、私の場合、そのたびに子どもに救われてきた。強くしかりつけたり、「ぱしっ」と手を出したりした後でも、我がザウルスたちは「ママ、ごめんなさい」「ママが大好き」と、私の足にまとわりついてきてくれた。「こんなひどいことをしたママでも許してくれるの？」とつぶやいたことが、幾度、あっただろう。

仕事と育児に追われて心がささくれだったときに「大丈夫だよ」と、勇気と元気を与えてくれたのは、ザウルスたちをぎゅっと抱きしめた時の温かさと柔らかさ。この感触を忘れないようにすることが、子どもを未熟な親から守る一番の対処法だと私は信じている。

第3章　成長するザウルス・苦労は二倍、喜びは？

五月人形はしばらく我慢

男の子のお節句といえば、端午の節句。我が家にも、名古屋の風習から私の実家が買ってくれた甲冑《かっちゅう》飾りが二セットと、マンション用のこいのぼりが「一応」ある。

なぜ「一応」と念押しするかと言うと、初節句の時に配達してくれた人形屋さんが飾ってくれて以来、納戸にしまったままだからだ。

初節句の時は伝い歩きやつかまり立ちだった双子ザウルスも、今やどこでも走り回る。彼らにとって高い位置だったカウンターはかつて、はさみなどの文具や親の携帯電話、その日届いた郵便物など大事な物を置く場所だったが、今やそのカウンターの上でも軽々と手が届くようになり、我が家に「聖域」はなくなった。

そんな二人を相手に、いろいろと細かい付属品もある節句人形を飾ったとしたら……。普段の彼らの行動を考えると、想像しただけで怖い。

「直接触ると、さびの原因になります。お人形を触る時は手袋をしてください」。購入時に飾ってくれた人形屋さんの忠告を思い出すと、胃が痛くなる。

その代わりというわけでもないが、毎年玄関には陶器でできた小さな段飾りを、玄関にはこいのぼりの壁掛けを掛けた。いずれも「大きいと、そのうち大変になるから」と、夫と私のそれぞれの母が贈ってくれたものだ。ひな祭りが終わると同時に飾るようにしている。

双子ザウルスにはもうしばらく、こちらで我慢してもらおう。五月五日のお節句当日にはかしわ餅とちまきはたくさん用意しているが、果たして納得しているのだろうか。

ふれあい求める未熟児の母

いまではすっかり標準の体格となった双子ザウルスは未熟児で生まれた。三二週での出産時、あにザウルス一七三〇グラム、ちびザウルス一〇九八グラム。二人ともNICU（新生児集中治療室）の保育器に入り、約一カ月、お世話になった。

そんなNICUでは、年に一度、同窓会が開かれる。私たち家族にもお知らせが届いたことがあり、ある時、その同窓会に出かけていった。

NICUというのは、一度退院すると、二度と入れない病室だ。同窓会は、お世話になった医師や看護師の方々と再会できる貴重な機会でもある。

私の妊娠生活は、それまでの不摂生ゆえか、かなりの高血圧。しかも双子妊娠で、高リスク出産だった。出産前の一カ月は原因不明の脇腹痛により救急車で入院し、子宮収縮剤を点滴して絶対安静。出産も一人が発育不全と言われ、緊急の帝王切開だった。何がなんだかわからないまま「産んじゃった」わけだ。

出産直後。「小さく産まれたことで、肺や脳の機能に悪影響が出るかも」と、主治医から夫に約一時間の説明があった。父親になった感慨にふける間もなく、夫の頭は「パニック」になったとか。そのころ私は、ぱんぱんに張った胸から母乳を出す痛みに悲鳴を上げていた。

親になったとはいえ、子どもがいない一カ月余。搾乳して冷凍した母乳を抱え、面会に通う日々を過ごした。小さく産んでしまったことの子どもへの罪悪感を癒やしてくれたのは、医師や看護師らとのふれあいだったと思う。

同窓会には、時間が許す限り、参加しようと思っている。元気いっぱいに毎日を過ごすザウルスの姿を見ていただくのが一番の目的だが、少しは親らしくなったであろう夫婦の姿も。

早すぎる初恋のゆくえは

双子ザウルスは一日の大半を保育園で過ごす。だから、ある意味で、保育園のお友だちは兄弟姉妹以上、保育士の先生方は両親以上の存在だ。毎日の会話には、お友だちや先生の名前が必ず出てくる。

保育園に通い始めたころ、二人は保育園に行くことを「もも先生、行く」と言った。「もも先生」というのは、一年目、二年目と担任をしてくださった先生。我が家では、一時期、保育園の代名詞だった。

「うい先生」も大好きだ。本当は「ゆい先生」だが、入園したころの二人の発音では「うい先生」。子どもたちの言う通り、とても初々しく、かわいらしい方だ。

こちらも二歳児クラスの時と、年少組の時の二年、担任をしていただいた。

二人とも私よりも一回り以上は若いだろうが、とても頼りになる先生方である。

あにザウルスは二人の耳たぶとひじを触りながらお昼寝をするのが習慣だった。

二人とも大好きな保育園だが、二歳児クラスの時には、悲しいお別れがあった。ちびザウルスの一番の仲良しだった「ゆなちゃん」が、お父さんの単身赴任先の東京へ引っ越した。ちびザウルスは、ゆなちゃんのいない保育園が考えられなかったのか、最初の数日は思い出すたびに荒れた。「ゆなちゃんと遊びたいー」と、涙ながらに訴えた。

初恋というには早すぎるが、切ない別れには違いない。時がたち早くも立ち直り始めているが、こんなことの積み重ねで少しずつ成長していくのだろうか。

家庭では荒れたちびザウルスだったが、保育園では先生方が拍子抜けするほど、淡泊だったという。だれに似たのか、あきらめ、切り替えが早い。

いずれにしても、いつも子どもの視点で支えてくださる先生方には、感謝の気持ちでいっぱいだ。親の知らない子どもの表情、成長を見守ってくださる方々である。

大好きな水遊び、大嫌いな耳そうじ

猛暑が続く真夏は、子どもにとっては水遊びが一番の時期。保育園では九月上旬まで、毎日のように水遊びがある。水が大好きなザウルスたちにとってはパラダイスだ。

保育園では、幼児クラスは常設のプールで遊ぶ。乳児クラスは、ちょっと大きめのおふろぐらいのサイズの水槽が、教室前のテラスに登場する。我がザウルスたちも、乳児時代は、浅めに水を張って、子どもたちは、わにさんやかめさんになったりして楽しんでいたらしい。

私は、実際に保育園で遊んでいる姿を見たことはない。でも、なぜ、子どもたちが、わにさんやかめさんになっているのを知ったかというと、自宅のおふろで二人が同時にかめになろうとして、おぼれかけたことがあるからだ。この時は驚いた。

ありがたい水遊びシーズンだが、一つだけ困ったことがある。双子ザウルスは耳そうじが大嫌いなのだ。

あにザウルスは特に耳をいじられるのが大嫌い。いたずらをしたときの「しかり文句」の定番は「お耳、やるよ」。この一言でたいがいのことは、涙を流しながらも、しぶしぶ、妥協する。

休日にプールへ行き、その後に、綿棒などで耳の水気を取ってやろうとするとまさに捕りもの劇。走って逃げるあにザウルスを羽交い締めにして、耳に綿棒を突っ込むのは一苦労だ。

そんな様子を一部始終見ているちびザウルス。こちらも本当はそんなに耳そうじが好きではないが「ここぞ」とばかりに親の得点を稼ぎに「耳、やって」と自分からすり寄ってくる。でも、いざ、始めると首をすくめて逃げ出す。

二人の性格の違いに苦笑いしながら、追いかけっこをする母である。

自我の目覚め、わかっちゃいるが…

今回は、三歳児当時、双子ザウルスがよく発した言葉のベスト3を紹介する。

第三位「違う」。とにかく何でも自分の意思に反することがあると「違う」。見たいテレビアニメが終わってニュースが流れると「違う」。デザートが大好きなみかんじゃなくてバナナだと「違う」。絵本を読み終わって、次の絵本を取り出すと「違う」。「違わないよ」と言い聞かせても、「違う、違う」を連発されると、段々、こちらも感情的になる。「これで、いいのっ」と、押し切ることも多い。

第二位「イヤだ」。「違う」とは、微妙に使い方に差がある。「違う」が選択が違うことを意味するのに対して、「イヤだ」は、行為そのものを否定する。

「お風呂入るよ」「イヤだ」、「もう、寝るよ」「イヤだ」。こうなると、「ママだけ、先に行くよ」と言い放ち、ひたすら「忍」の一字。寝室で待っていると、こちらが先に意識を失い、気づくと二人が足元あたりで寝息をたてていることも。この場合、居間の電気とテレビは付いたままだ。

第一位「自分でやる」。おもちゃの組み立て、着替え、歯磨き、靴の着脱……。時間があるときはいいが、朝の忙しい時間帯に「自分でやる」が出てくると、いらいらして、つい助けの手を出してしまいがちだ。でも、下手に手を出すと、一からやり直しになって余計に時間がかかる。時計と彼らの動き方の見極めが重要になる。

自我の目覚めは成長の証拠。子ども一人ずつと向き合う大切さはわかっちゃいるが、実行はなかなか難しかった。反省続きの双子の親である。

保育参観にて

一日の大半を保育園で過ごすザウルスたち。朝、親が職場へ去った後、どのように過ごすだろうか。

担当の保育士とはお便り帳を通じてやりとりはある。ただ、たとえば、「泣いているお友だちの頭をなでなでして慰めていました」とか、「大好きな女の子には靴を履かせてあげていました」などとあっても、「へー」と思うぐらいで、なかなかイメージがわかないのが本音だ。しかし、年に数回、保育参観の機会があり、ザウルスたちの実態が、少し、わかる。

二歳児クラスの保育参観の時だ。ザウルスたちと一緒に登園、昼食までの時間を同じクラスのお友だちと過ごした。普段は脱兎のごとく去っていく母親が、この日ばかりはのんびりと教室にいる。ザウルスたちの様子も違い、やたらまとわりつき、ひざの上に乗ってきた。

「他のお友だちも最初のうちはみんなそうです」という担任の先生の言葉に励まされながら「この調子でお散歩へ行ったら、抱っことおんぶか？」など、最悪の事態が脳裏をかすめた。

運動会の練習が始まっても、二人とも落ち着かない。一人は泣きじゃくり、一人は砂いじり。だが、近くの公園までお散歩に出発するころには、家庭よりも聞き分けがいいことに気づいた。普段通りの、先生やお友だちとのかかわりを思い出したのだろう。

公園ではまったく親に寄りつかず、砂場で遊んだりブランコに乗ったりで、こちらは拍子抜け。帰りの道のりもスムーズだった。

半日ほどの滞在だったが、家庭では見ることのできない表情のザウルスたちは、どことなく大人びて見えた。帰宅後、二人の背中が大きく見えたのは、「親ばか」だろうか。

いつまで有効？　食べ物での説得作戦

子どもたちが自我に目覚めるころ、どのように対処するのがいいのだろうか？迷い、悩むところだ。ザウルスたちの「自我」についてはいろいろな場面で紹介してきた。しかし、地球は彼らだけのために回っているわけではない。時には、力ずくでも言い聞かせなくてはいけない場面もある。

公園や遊園地に行って「もう帰るよー」と言っても「まだ、帰らない！」などと強く主張されると、最後は抱っこをして強制的に帰宅する。それでも敵もさるもの。「同じ手はくわぬ」とばかりに、近ごろは「泣き寝入り作戦」に出ることが増えてきた。

泣きながら手足をばたばたさせ、道路だろうがお店だろうがおかまいなしに寝ころぶ。これを二人が結託し、お互い横目で見ながら同時にやるからたまらない。

聞き分けのない五歳児を言い含めるのは、心身ともにエネルギーを使う。そんな時に有効なのは、やはり食べ物だ。二人の好きなラムネ菓子やせんべいは、外出するときの必需品。みかんやりんごがあれば、なお、心強い。さらに紙パックのジュースがあれば、どんな難局でもほぼ、乗り切れる。

それらをちらつかせるタイミングは難しいが「伝家の宝刀」を振り抜いた後は、とにかく、二人が次なる要求をしてくる前に、次の行動に移ることが大切だ。もたもたしていると、その前の要求を思い出してしまう。

この手法が通用するのもあと数年だろう。ザウルスは男の子だから、力ずくの説得がかなわなくなる日もいつかはやってくる。

「食べ物でごまかされてくれるうちは、まだかわいいか」

今はまだ大丈夫だが、この手が効かなくなる時が来るのが怖い。

おはしトレーニング、上手に使える日は？

保育園では、二歳児クラスのころにおはしトレーニングが始まった。この時、同じクラスには、すでに使いこなしているお友だちがいた。クラスメートのたいちくんは、はしで食べるのが上手らしく、ザウルスたちにとってはたいちくんはあこがれの存在だった。「たいちくんと一緒がいい」と、二人とも家でも使いたがったが、なかなかうまく口に運ぶことができず、いらいらしていた。だから、スプーンとフォークが主流だった。

二人のやり方を見ていると、二本の棒を操ることがこんなに難しいのかということを痛感した。最初は握りこぶしに棒を差しているような状態から、少しずつ、それっぽい形になってきた。やっているうちに、食欲が勝って、最後ははしを突き刺したりしているが、その様子を見ていると、「人間って知恵があるんだな」と、猿との違いに感心する。

はしの持ち方については、親とはいえ自信があるわけではない。ちびザウルスは私と一緒で左利き。母親の「はしさばき」をじっと見ては、自分でも同じように挑戦。見られているこちらは、食事にも緊張してしまった。

右利きのあにザウルスは、私たちと一緒にやろうと左で持とうとするが当然うまくいかず、右で再挑戦。やる気は満々で、目の前にスプーンとフォークがあると投げ捨て、「はしがいい！」と、大人用の長めのはしで、卓上の「獲物」を突き刺していた。

今となっては笑える思い出だ。

自分がどのようにしてはしを使えるようになったのか覚えてはいない。でも、子どもたちの指先を見ている限り、それほど器用ではなかったことだけは、うかがい知れる。

ひとことに傷つき、励まされて

双子を育てている母親として、投げかけられて不快に感じた言葉と、うれしかった言葉をそれぞれ紹介する。

まずは不快だった言葉から。

第三位「双子なのに似てないね」。双子には一卵性と二卵性があり、二卵性は普通の兄弟と同じ程度しか似ていない。「双子は同じ顔」という固定観念が表れている。

第二位「双子は何でも一度で終わるから、年子の方が大変じゃないの」。育児が大変かどうかは当事者次第。一人でも母親が大変だと思えば大変だし、双子でも苦にしない人はいる。何でも決めつけは良くないと思う。

第一位「薬飲んだの?」。不妊治療のことを言いたいのだろう。聞かれたこちらは、否定も肯定もしない。生まれてきた子どもには何の関係もないことだからだ。

続いてうれしかった言葉。

三位「大変な時はいつでも声をかけてね」。実際に手伝ってほしい時にお願いできるかどうかは別問題。でも、そう言ってくれる気持ちがうれしい。

第二位「苦労は二倍だれど、喜び楽しみは三倍、四倍」。双子育児では、どうしても手が足りず「勘弁してよ」と思うような場面がたびたびある。でも、二人の笑顔を見ると、「喜びはそれ以上」と確かに思えてくる。

第一位「親が一生懸命なのは子どもが一番わかっている」。本当にわかっているかは疑問。でも、そう言ってくださる方が周囲にいるというだけで、心強い。

ちょっとした一言で傷ついたり励まされたり。さまざまな出会いに支えられて、双子育児に追われた日々がいとおしく感じるようになる。

予防接種でも性格はっきり

冷え込みが身に染みるような季節になった。ザウルスたちも、万が一に備えて、インフルエンザの予防接種のため、近くの小児科に出かけた。

子どもの場合は、通常、二回接種する。毎回、病気になるとかかっているかかりつけ医というのに加え、これまでも三種混合などの予防接種などでも通っているためか、ザウルスたちには、何となく雰囲気で察しられた。

当日は朝から二人とも不機嫌。二回目の時は、車に乗り込んだ時から直接、保育園に登園しないことを感じ取り、「注射はいや」と警戒された。

何事にも積極的なちびザウルスは、腹が決まれば、話は早かった。注射を打つ直前までは自分から口をあけるなど、聴診器で腹や背中の診察もとても協力的。さすがに注射針が腕に入ると、「うぎゃー」と泣き出したが、医師からもらったシールで機嫌は直った。

一方のあにザウルス。こちらは普段ならば、診察室に入るころから、「ふふん、ふふん」と鼻を鳴らし始め、べそをかき始めるのが慣例。しかし、この時は聴診器での診察にも協力的で自分から服をまくし上げるほど。注射器の針が入る段階では、なんと「あいたたたっ」と言うだけで、泣くこともせずに平然。やっぱり、シールがうれしいらしく、早速、付き添っていた父親の顔にぺたりと貼っては、にこにこ顔だった。

こちらも子どものころからの注射嫌い。病院の雰囲気は苦手だ。子どもの腕に針が入る瞬間は、つい体を硬直させてしまい、終わった後は、目がうるうる……。いまだに体で反応する自分がちょっと、情けない。

似て非なるが双子なり

同じ親から同時に生まれ、同じものを食べ、同じ生活リズムで暮らしているザウルスたち。意思がはっきりしてきたためか「どうしてこんなに違うのだろう」と思うことが最近、増えてきた。

もともと二卵性だから、顔も普通の兄弟程度しか似ていない。でも、一緒に暮らしているのだから、「もっと共通点があってもいいのに」、と素朴に思う。

たとえば、食べ物。甘党のあにザウルスの好物はアンパン。小腹が減ったと思われるような時には必ず「アンパン、ちょうだい」と所望してくる。対して、ちびザウルスは「ぼく、あんこ嫌い」と言い放ち、見向きもしない。代わりに大好きなのはクリームパンだ。だから、必ず二種類の菓子パンを買うことになる。

テレビなどに出てくるキャラクターの好き嫌いも違う。

おなじみのアンパンマン。あにザウルスはどじなバイキンマンが大好き。懲りずにアンパンマンにやられ続けるバイキンマンを見ては、「けら、けら、けら」と大笑いしている。一方のちびザウルスは正統派で、アンパンマンが好き。得意技の「アンパンチ！」を「ぼくもやる！」などと、テレビ画面に向かって、一緒にパンチを繰り出している。

保育園のお友だちも微妙に違う。マイペースのあにザウルスは自分のペースを乱されないことが仲良しの条件だ。ちょっと、おませなちびザウルスは、おしゃまな女の子とばかり、遊んでいる。

同じように育てているのに、なぜこんなに違うのか。首をかしげながらも「好きになる女性のタイプも違うのかな」と二十年後に思いをはせる。

男の子でも楽しいひなまつり

三月三日はひな祭り。男の子二人の双子ザウルスには無縁だが、保育園ではひな祭りにまつわる時間があるようで、「工作でおひな様を作ったよ」などと、帰宅後、教えてくれる。

私が生まれた時に、亡くなった祖父母が用意してくれたひな人形は大きめのガラスケースに入っていて、ケースの下の引き出しに人形が収納できる仕組みだった。木目込み人形で、それなりのものらしいが、子ども心に、当時は七段飾りにあこがれた。「なぜ、私のひな人形は段飾りでないの」と母に尋ねたことがあるが「飾るのが大変だからケースの人形にした」と言われた記憶がある。

さて、性格が私似のちびザウルス。私が子ども時代に感じた疑問と、ほぼ同種のことを思ったようで、ちびザウルスはある日、「どうしてうちにはひな人形がないの？」と質問してきた。「うちには女の子がいないから」と答えると、「ママがいるじゃん。うちにもほしいっ」と、だだをこねた。

毎年、玄関の靴箱の上に小さなひな人形を飾っていたが、引っ越し騒動で、物置にしまいこんだままのことに気づいた。

「じゃあ、出そうか」と、段ボール箱を引っかき回し、お手玉のような素材ででてきた小さなひな人形を玄関に鎮座させた。保育園帰りに見つけたあにザウルス、ちびザウルスは大喜び。普段よりも大きな声で「明かりをつけましょ……」と歌い出した。

「男の子でもひな祭りは楽しいんだ」と改めて、感じ入る。

「二人とも男の子。結婚が遅くなると、心配する必要もないか」

節句が終わってもしばらく飾っておくのが、我が家の流儀になった。

宝箱の中身はなんだろう？

四歳にもなると、ちびザウルスは「宝物」と称して、いろんなものをポケットに入れて歩くようになった。

「保育園のくさくて、暗いところで拾った丸い石」とか、「石の近くに落ちていた花びら」「テラスにあった木の枝」などだった。

最初のうちは、玄関のスリッパ入れの上に隠すように置いていた。私にこれらが見つかった時は、照れ笑いを見せて「これは全部、宝物なんだよ」と訴えた。うっかり捨ててしまったら怒るだろうと、「じゃあ、宝箱の中に入れよう」と、子ども部屋にあった、お菓子の入っていた缶の入れ物を渡した。ちびは早速、大事そうに箱に収納し、毎日、帰宅すると「宝箱」をのぞくようになった。

ちびに触発されるように、あにザウルスも、帰宅時に小石や葉っぱを持ち帰るようになった。ただ、宝物にしては扱いが雑で、家に着くまでに、側溝にわざと落としたり、近所の飼い犬の口元に持って行ったり。なかなか宝箱まで行きつかないのが彼の課題だった。

二人の宝箱の中に入っている物は、他人から見れば、何の価値もないものばかりだろう。でも、小石だって、ザウルスたちのフィルターを通せば、ダイヤモンド級。花びらや葉っぱは、勇気を出して入っていった秘密基地からの戦利品に見えるのかもしれない。

一週間ほど続いた「宝物熱」だったが、ちょっと飽きてきた初夏のようなある日。久しぶりに宝箱をあけた二人は、ひからびて変色した花びらと葉っぱに「ばっちい」と落胆した様子だった。今後は石だけを集めるらしい。

そんな様子に親は「将来はノーベル賞を狙う科学者かな」と、勝手な夢を描く。

どこで学んだ、流ちょうな名古屋弁

河村たかし・名古屋市長は、名古屋弁で話す。だから、最近、メディアでは、名古屋弁がよく取り上げられるようになった。それにも加え、家庭内でも、名古屋弁を耳にすることが増えてきた。ザウルスたちが、なまっているのだ。

ちびザウルス「これはぼくのだで、とったら（あ）かんよ」

あにザウルス「とらんでいいわ。ぼくのはこっちでしょー」

語尾にアクセントが入っていて、明らかに名古屋弁である。

最初、聞こえてきた時は、正直、耳を疑った。我が子に標準語を話してほしいとは思わないが、普通に話していても、いまだに「さ行」が「た行」になるような幼子だ。その二人が、名古屋弁で話しているのを耳にすると、やっぱり、違和感を覚えた。

どこで、学んだのか、改めて、振り返ってみた。

私は生まれも育ちも名古屋。名古屋弁に関してはネイティブスピーカーだが、夫は名古屋在住十三年目ながら、千葉県出身。夫婦の会話がべたべたの名古屋弁ということはない。

一日の大半を過ごす保育園でのお友だちや先生との会話を黙って聞いてみる。それでも「この子たちは、みんな名古屋の子だ」と実感するほどでもなかった。

日々、暮らしているだけで、知らず知らずのうちにこの地方特有のイントネーションで話すようになっていくのだろうか。

そんなことを思っている傍らでまた、聞こえてきた。

あにザウルス「今日のごはん、いらんわ」

ちびザウルス「そんなこと、言ったら怒られるでしょー」

おしゃべり絶好調、生意気口調

今ではうるさいぐらいにおしゃべりも達者になってきたザウルスたち。その一方で、大人びたというか、生意気な口調で話すことが増えてきた。

たとえば、こちらが夕食後のかたづけで洗い物をしている傍ら、テレビを見ているザウルスたち。食器を洗う音が気になるとちびザウルスは「うるさい」と一喝する。後を追ってあにザウルスが「静かにして」と訴えてくる。

保育園のママ友だちが親子で我が家に遊びに来ている時など、おしゃべりに花が咲くと、あにザウルスが近づいてきて、「しー！　静かにしなさい」。人さし指を立てて口にあてている。なんだか、怒られているような気分で、瞬間（だけではあるが）、「シーン」となる。

特に生意気な口をたたくのは、ちびだ。保育園のお迎えの時などは顔見知りのお母さんにむかって「あれ、今日は早いじゃん」。こちらは「なんて、失礼なことを」と、どきどきしてしまう。

私がお風呂の中で「保育園ではだれと遊んだの？」と聞いた時は「そんなこと、どうでもいいじゃない」。思わず、こちらが「お前は何様だ」と、突っ込みたくなるようなせりふだ。

それでも、これまでを振り返ってみると、二人とも、今までは自分の言いたいことと、やりたいことなどをあーだ、こーだと一方的に話していただけだった。会話が成立し、言葉でコミュニケーションができるようにまで、成長したということだろうか。

子どもとの口げんかは、時間の問題となった。負けないような理論武装を、しっかりしておこうと思っている。

ミッキーの魔法を解くには？

幼稚園や学校の子どもたちを抱えておられる方々は、長期休暇をどう過ごされているのだろう。行楽の計画をあれこれと検討されている家庭も多いと思う。最近、我が双子ザウルスたちは、二〇〇九年にデビューした東京ディズニーランド（千葉県浦安市）がすっかり気に入ってしまった。ミッキーマウスに魔法をかけられたかのように「また、行こうよ」と要求してくる。

我が夫の実家は千葉県。そのため、子どもがいない時代は、帰省にあわせて夫婦では何回か足を運んでいた。子どもができてからは「何歳になったら連れて行こうか」と話し合っていたが、「せっかく行くのなら、キャラクターやアトラクションがわかるようにならないともったいない」と、延び延びになっていた。

ザウルスたちは、この年の誕生日で四歳。「それなら入場料や宿泊料が有料になる前に」と、春の大型連休を利用して決行した。

ちょうど、テレビや絵本でディズニーものに関心を持ち始めていたので、タイミングはばっちり。正面ゲートでミッキーマウスやドナルドダックが出迎えてくれると、最初は緊張していたが、握手をしたり、顔をなでたり。アトラクションも、身長制限のある絶叫マシン以外はほぼ制覇。二人とも大満足で帰宅した。

それ以後は、毎日のように現地でもらった園内マップを見ては「ミッキーの家に行って、ドナルドのボートに乗って……」と、勝手に計画を練っている。

「三匹のこびとに会いたい」「眠れる美女と野獣のパレードが見たい」。言葉で説明しても、まだ四歳。夢の国の魔法と勘違いは、もう二度三度行かないと解けなかった。結局、この年は一年間に三度行ったのである。

とんでもないいたずらに成長感じる

最近、ザウルスたちの思いがけないいたずらに悩む日々が続いている。どこまでまじめで、どこまでいたずらなのか。判断は難しいが、そのいくつかを紹介する。

保育園で同じクラスのお友だちが何人か、我が家に遊びに来た時の出来事だ。子どもたちは子ども同士でどったんばったんと遊び、母親はおしゃべりに花を咲かせていた。

そろそろお開きにしようかという時間になったころ、子どもたちの気配がなくなった。

最初のうちはかくれんぼかと思ったが、しばらくすると、シャワー室からなにやら水が流れる音がしてきた。

のぞいてみると、水浸しの服を着たまま、シャンプーまみれになった頭の子どもが三人。その傍らには、大きな熊のぬいぐるみがびしょびしょになっていた。

　どうやら、我が家のちびザウルスが率先して、熊のぬいぐるみと一緒にシャワーを浴びようとしたらしい。お友だちが帰宅してから「だめでしょ、勝手にシャワーしたら」とたしなめると、「だって、頭を洗ってあげたかったから」と自信満々。普段、自分が風呂でやられていることを、ぬいぐるみ相手にやろうとしたらしい。

　あにザウルスも、負けていない。最近、保育園からの帰宅時に、必ず、新聞受けに自分が描いたお絵かきの紙を二つ折りにして、「新聞です」と投げ入れるようになった。毎朝、保育園に登園するときに、前日に入れたものを回収し、意気揚々として、出かけていく。

　とんでもない、いたずら。思わず眉をひそめる時もある。でも、それだけ知恵がついてきた証しとも言える。

成長を確認する運動会

我がザウルスたちの通う保育園では毎年、秋に運動会がある。ここ数年も、秋空の下、運動会が催された。

二歳児クラスの時の運動会は散々だった。あにザウルスは砂いじりに興じ、その傍らではちびザウルスは「ママがいいいっ！」と号泣。お遊戯は二人ともまともに踊らず、そんな二人を両横に置いて母親が一人腰をくねらせている姿は、思い出しただけでも、寒い光景だ。

それから一年。年少クラスでの運動会では、担任の保育士から聞く事前のリハーサルの様子は「昨年に比べて、成長してます。リハーサルではすべてのプログラムをこなしていますから」との、心強い内容。「今年こそは」と意気込んで、当日を迎えた。

万国旗に彩られ、多くの保護者らでいっぱいになった園庭は、普段とは違う雰囲気。人前で何かをやるのが苦手なあにザウルスは、明らかにひるんでいた。それでも、リハーサルではいつも一等賞だったというかけっこだ。始まれば大丈夫かなと淡い期待を抱いたが、結局、その望みははかなく破れ、担当の保育士にコアラのようにしがみついたままだった。

一方のちびザウルス。笑顔でスタートしたものの、もうすぐゴールという手前で転んでしまった。ひざ小僧の痛みと恥ずかしさからか、今年もここで号泣となった。最悪の滑り出しとなった今年の運動会だったが、場の雰囲気に慣れてきたのか、その後のクラス競技は、二人とも満面の笑顔で参加できたのが、救いだった。

去年より今年、今年より来年こそ。運動会が成長を確認する場になっている。

新車購入、颯爽《さっそう》と疾走する自転車

我がザウルスたちが最近、新車を購入した。といっても、自動車ではなく、自転車。今までは三輪車に乗っていたが、補助輪が付いたマウンテンバイクのようなデザインで、太いタイヤだ。

三輪車よりも、二回りほど、大きくなったようだ。本人たちはうれしくて仕方がないらしく、天気の良い休日は、自転車を乗り回せられる公園へ行こうと、せがんでくる。

もちろん、購入は二台である。ちなみに三輪車も二台あった。このへんは、双子育児のつらいところ。お下がりがないから、何でも一度に二つずつ必要になり、ほぼ、同じ時期に不要になる。これが双子育児の宿命である。

自転車は買う時に売り場で少し試乗したが、二人とも難なく乗りこなしていたので、ちょっと大きめの一八インチに決めた。デザインなどは本人たちの好みを優先して、選ばせた。だがやはり、ここも双子。いろいろと違う自転車も試したが、結局、選んだのは同じ自転車だった。この子ども用自転車は鍵が付いていないので、しばらくは玄関に入れて保管。飽きてくれば、そう毎週末ごとに乗るとは言わなくなるだろうから、その後は物置にでもしまおうと思っている。補助輪が付いているため、やたら場所を取るが、「わずかな期間だろう」と、腹をくくった。

後ろから押したり、ブレーキを一緒に握ったり。まだまだ、公道を走らせるにはおっかなびっくりだが、少しずつ、走り出している。ただ、ちょっとだけ不安に感じていることがある。補助輪を外す練習の時、一人に一人の親がつかないと、立ちゆかないだろう、ということだ。

「二人のうち、どちらが早く補助輪が取れるかな」

夫と私の指導力競争に発展するのが怖い。

大人びた口ぶりに思わずため息

どこで覚えたのかわからないが、大人びた口ぶりで話すことが増えたザウルスたち。思いがけない返事が出てきて、こちらがびっくりしてしまう場面が増えている。

ある朝の出来事。起床後もごろごろしたままでなかなか朝食を食べようとしないちびザウルス。「早く食べないと、片づけちゃうよ」と促すと、「そんなこと言われても、ぼく困るんだけど」。なかなか支度が進まなくて困るのはこちらなのだが、その口ぶりに、思わず、苦笑いだ。

ちびザウルスの発言では、こんなこともあった。入浴する際に、普段はあまり使わない入浴剤を入れてみた翌日、「今日は疲れているから、泡風呂にして」と、注文をつけてきた。まるでくたびれたサラリーマンのようである。

一方の、あにザウルス。普段はこちらが話しかけて、その声は十分聞こえているはずなのに、関心のない話題だと、聞こえないふりをすることがあった。

それなのに、たまに「ごはんだよ」と声をかけた返事が「今日のご飯、おいしそう」とか「ママ、大好き」などと言われると、おだてとわかっていてもつい、にんまり。やはり、親ばかである。

私がうっかり、あにザウルスのお茶をこぼしてしまい、「ごめん」と謝ると、「いいよぉ。だって、わざとじゃないからね」と慰めてくれたこともある。

会話ができるのが、人間の特権。ようやく、その楽しさを共有できるまで、大きくなった。

「めし、金、うるせー」の三つの単語しか発しなくなる年齢までは、親子の会話を大事にしたいと思う。

恥ずかしいシーン、「ママは見ちゃだめ！」

帰宅後、その日の保育園での様子を聞くと、「○○くんの大事な人ってだれだっけ？」などと、男の子と女の子の人間関係について、話すようになった。なんとなく、女の子が「気になる存在」になっているようだ。ちなみに、あにザウルスの大事な人はひびきちゃんとせいなちゃん。ちびザウルスはももねちゃんとなーちゃん。「どうして、大事なの？」と問い返すと、「だって、結婚するもん」との答え。これでは二人とも重婚になるので、「結婚というのは一番大事な人としかできないんだよ」と言うと、「じゃあ、ゆい先生！」と、年少クラスの時の担任の名前まで出てきた。確かに、教室に飾ってあるあにザウルスのお絵かきは、ゆい先生だった。

さて、ちびザウルスは、ちょっと奇妙な行動を取ることがある。テレビ番組やコマーシャルなどでラブシーンになると、私の目を手で隠しにくるのだ。「なんで、目隠しするの？これじゃ、ママは前が見えない！」と訴えると、にやりと笑って「だって、だめなの。ママは見ちゃだめ！」と、執拗に目を覆う。別の機会では、「紙芝居を見ているとき、なーちゃんと肩を組んでいたね」などの目撃証言を話すと、「言っちゃだめ！」と、今度は、口を押さえつけてくる。理由を聞くと、「だって、恥ずかしいんだもん」とぽつり。自分が異性と仲良くしている現場を、母親に見られるのはいやなようだ。

保育園から小学校、中学校から高校、大学……。女の子との付き合い方、接し方は年齢を追うごとに変わっていくのだろう。「初めての彼女は、どんな風に紹介してくれるのかな」と、ザウルスたちの将来に思いをはせていたら、窓の外から、盛りのついた猫の鳴き声が聞こえてきたような気がした。

看板息子たちの識字力

人間が猿よりも優れているとすれば、やはり、文字を読み書きできることだろうと私は思う。手紙を書いたり、文書を残したり。いにしえの先人の偉業を伝えているのも、やはり、文字だ。それを考えると、今、我がザウルスたちが描いている、いや、書いている象形文字のような落書きもそれなりの価値があるように思えてくる。

我がザウルスたちが二人そろって、ひらがなが読めるようになったのは、四歳を過ぎたころだ。別にとりたてて教えてもいないのに読めるようになったのだから、やはり、人間の学ぶ力というのは、すごいものだと感心する。お気に入りの絵本やゲームなどで覚えたようだ。特にあにザウルスは、カタカナもほぼ同時に読めるようになった。テキストはお気に入りのアニメのキャラクター図鑑。これにはさすがに夫婦ともに驚いた。

ただ、文字が読めるようになって、ちょっと困っていることがある。外出した時などに、目に入る文字をすべて声を出して読み上げ、さらに、その意味を一つひとつ、親に聞いてくることだ。

「ジンギスカン。ジンギスカンってなあに？」

「ひつじのお肉を焼いて食べるお料理だよ」

「ファミリーレストラン。ファミリーレストランってなあに？」

「家族みんなでお食事に行くレストラン」

こちらも、このあたりまでは何とかすらすらと答えられるが、時々、答えに窮する時がある。

「パチンコってなあに？」

「ヘルスってなあに？」

「〇〇ホテルってなあに？」

家族で外出する時に、歓楽街を避けて通るようになった我が家である。

たこたこあがれ、パパ息あがる

毎年、年末年始になると、保育園をありがたく感じる。親が働いているのが前提の保育園には幼稚園や小学校のような長期の夏休みはないが、年末年始の冬休みはある。じっとしていないやんちゃ坊主が、旅行など決まった予定がないのに数日間、ずっと家にいる、一年に一度の機会だ。

子どもが家にいるとなると、それなりの時間の過ごし方を考えなければいけない。この冬は、伝統的な新春の男の子の遊び、たこ揚げに挑戦してみることにした。と言っても、たまたま遊びに行った公園であった「たこ揚げ教室」に参加しただけである。自分たちで作ったたこを、その広場で揚げるという段取りだ。

最初は「こんなちびたちが、たこ揚げできるの？」と、夫ともども不安に思ったが、「これぐらいの年齢でもちゃんと揚がりますよ」との指導員の助言もあり、いざ、挑戦。思い思いの絵を描いたたこに、竹ひごとたこ糸を通してもらい、十分ほどで完成した。

たまたまたこ揚げに適した風が吹いていたこともあって、ちびザウルスはあっという間に二〇メートルほど揚げた。負けじと一五メートルほど揚げたあにザウルスは途中で手を放してしまい、くるくると空中転回するたこを追ったパパは、五〇メートルほどをダッシュするはめに。でも、冷たい風が心地よい、休日となった。

「まだ、無理かな」と思うことが、一つずつできるようになっていく二人。この新年の間に何ができるようになるのだろうか。年の初め、二人のまだ見ぬ成長に思いをはせた。

年々、遅れる年賀状

年賀状のやりとりがようやく、一段落したのは一月中旬すぎだっただろうか。届いた年賀状を読み直すと、年賀状が届く前に実際に会ってしまうぐらい頻繁に接触のある方から、年賀状だけの付き合いになって十年以上たってしまった方までさまざま。でも、知人の近況を知るには欠かせない新年の風習だと思う。

我が家では、子どもが生まれてから、年々、年賀状の着手が遅れ気味になっている。それにはいくつかの理由がある。

まずはどんな年賀状にするか、毎年、夫婦で議論になる。以前はその年の干支をあしらって、新年にかける意気込みなどを書いていたが、子どもができてからは写真入りになった。この写真選定が年々、難航してきたのだ。

子どもがまだ、寝たきりだったり親の意思で動いてくれたりしている時期はザウルスたちのツーショットを撮影するのもそれほど苦労ではなかった。しかし、最近では、二人がそろってじっとしてカメラを見てくれることが、めっきり、減った。撮ってはみたものの、一人の表情が良くても、もう一人があさっての方向を見ていたり、ふざけた表情をしていたり。ようやく写真が決まっても、文章の段になると、どんな内容にするのか、夫婦のどちらが書くのかなどが議論になる。こんなことを家事と仕事の合間にやっているのだから、どんどん年の瀬が押し迫ってきてしまう。ということで、今年の着手は元旦になり、一部の方はいただいた年賀状を読んだ後での執筆になってしまった。

ひとまず、一通り終わると、ほっとする。来年こそは年内に終えよう。毎年、同じ誓いを繰り返す。

初めてのバレンタインデーは照れまくり

初めて異性を意識する時期って、いつごろなのだろう。我がザウルスたちの保育園での様子をかいま見ると、今までは、気の合うお友だちならば男女関係なく遊んでいたのが、そろそろ、男の子は男の子、女の子は女の子のグループごとになる時期にさしかかってきた。

「戦いごっこ」が好きなちびザウルスは、ともくんというお友だちとちゃんばらのような遊びをしているらしい。本当のけんかと勘違いしたあにザウルスが加勢にいくこともあるぐらい、白熱しているようだ。

逆に言えば、異性を意識するような年齢になってきたということだろうか。同じクラスのたいちくんはじゅねちゃんという女の子が大好きで「おれは結婚する」と、クラス中に宣言している。我がちびザウルスも「保育園で、ももちゃんが好きと言ってくれた」とでれでれして、報告してきたこともあった。

さて、四歳になった年のバレンタインデー。ちびが事前に「なーちゃんがチョコ、くれるんだって」とうれしそうに報告してきた。お母さんからも「十四日に手作りチョコを持っていきたいのですが」との連絡が入り、今年が、他人からチョコレートを初めてもらうバレンタインデーになった。

ところが、いざ、当日。なーちゃんがやってくると、二人とも照れてしまって、きちんとお礼が言えないぐらい。もらった後は一つを口に入れた後、照れ隠しで、家中を跳びはねていた。

こんな息子たちの思春期って、どうなるのか。虫歯ができるのと同じぐらい、心配である。

端午の節句顚末記

二〇一〇年のゴールデンウィークは特に遠出することもなく、近場で過ごした。ニュースでは高速道路が渋滞していたし、夫婦ともに微妙に勤務がついていたため、近所の公園で、保育園のお友だち家族とバーベキューをしたり、動物園へ出かけたり。連休最後の「こどもの日」は、水族館へ行った後、じぃじとばぁばを招いて、端午の節句を祝うことになった。

我が家では、いまだにかぶと飾りと鯉のぼりが押し入れにしまいこんだままになっている。飾るとすれば、和室の畳の上になるだろうから、ザウルスたちの遊びの餌食になってしまうことを恐れるからだ。

その代わりに毎年、玄関に陶器でできた小さな段飾りや桃太郎のお人形と、鯉のぼりのオブジェなどを三月のひな祭りが終わったころから置くようにしている。子どもたちも気楽に出かける時はちょこっといじり、帰宅してはちょこっといじり……。気づくと桃太郎と犬が後ろを向いていたり、大将のお人形の後ろの金屏風が倒れていたりとしているが、それなりに愛着を持っているようだ。ザウルスたちが保育園で作って持ち帰った鯉のぼりも一緒に玄関に飾ってみた。

節句当日。じぃじがかしわ餅とちまきを持って来たので、それを食べ、ひな祭りではないものの、チラシ寿司をみんなで食べた。さあ、そろそろお風呂へ入ろうと二人を送り込むとちびザウルスの叫び声が聞こえてきた。「ママ、きょうのお風呂にねぎが入っている！」。その横で、あにザウルスは「違う、違う！　パンダの食べる竹の葉っぱ！」。

端午の節句には欠かせない「しょうぶ湯」は、彼らにとってはねぎ湯か笹の葉湯だったようだ。

来年こそは、きちんと節句の意味を説明しようと決意した瞬間だった。二人への言い聞かせと同時に、気合を入れて大きなかぶとも飾ろうかなと思っている。

授かってよかった、心から

このコラムを書き始めた二〇〇八年四月、あにザウルスの身長は九〇・八センチ、体重一二・二キロ。ちびザウルスは八八・二センチ、一〇・四キロだった。それが新聞での連載を終えた二〇一〇年三月には、あには一〇五・四センチ、一六・七キロ。ちびは一〇一・九センチ、一三・八キロになった。二人乗りベビーカーで通っていた保育園への登園は、時がたつとともに、三人乗り自転車、または徒歩に代わった。

今では、テレビのビデオは自分でセットできるし、ひっくり返した洗濯かごを踏み台にして冷蔵庫をあけ、勝手に好きなものを食べている。憎まれ口もたたくようになり、「やっぱり、猿よりは賢いな」と親ながら、感じ入る。

出産から五年。育児休職から復帰して三年。記者の仕事をこなしながらやんちゃな男の子二人を育てていくなかで、私自身、体力とザウルスたちの言動への忍耐力は、かなり身についたと思う。

「もし、子どもがいなかったら……」「子どもが一人であれば……」など、「……たら」「……れば」と思ったことは何度もあった。双子育児は、正直、楽ではないが、やっぱり双子を、そして、我がザウルスたちを授かって良かったと、心の底から思っている。

ザウルスたちが大人になったころ、子ども時代の恥ずかしい話を新聞紙上で披露したことを怒られるかも知れない。でも、読者から感想をいただくたびに、力づけられた。夫とも、コラムを続けられたことを本当に感謝している。

パパのつぶやき

佐藤芳雄

DNAは受け継がれた？

双子ザウルスが、我が家にやってきて五年が経つ。「顔は二人ともパパ似。不憫だ」と妻は常々こぼしている。しかし、受け継いだDNAは顔だけなのかもしれない。

あにザウルスは、鶴の折れない私より器用に折り紙を操り、「恐竜」とか「カメ」とか言いながら次々と驚くような作品を完成させている。一方のちびザウルスは、私の生涯の夢である鉄棒の逆上がりを、年中クラスで一番最初に成功させた。お迎えに行った保育園で、得意げな顔をしながら披露してくれた。

生意気盛り。成長した姿を見ていると、誕生した夜を思い出してしまう。

パパになった夜

夜勤で会社に向かうため、出産を前に入院中の妻の病室から出ようとしていたところ、主治医が入ってきて、「きょう、出しましょう」と声を掛けた。お腹の中では、これ以上ちびの成育が厳しいとのこと。「こんな簡単に誕生日が決まるものか」とあっけにとられた。

二時間後、手術室の前で待つ私の前にやってきたのは、保育器に入り時間差でやってきた「あに」と「ちび」。中でも一〇九八グラムという超未熟児のちびの顔は、少ない髪の毛が濡れて、「アホ」タレントの坂田利夫に見えた（いまだにこの話をすると、妻はあきれる）。看護師は足早に二人をＮＩＣＵに運んだ。父親になった感慨に浸る暇はなかった。

それから三時間後。妻が戻ってきた病室でサッカーの日本代表がワールドカップ出場を決めた瞬間をテレビで見届けると、私だけがＮＩＣＵに呼ばれた。主治医から未熟児特有のリスクを伝えられ、少し暗い気持ちで新生児室に入ると、二人とじっくり対面した。「あに」は1番ちゃん、「ちび」は2番ちゃんと呼ばれ、保育器の中でうごめいていた。小さな手を握った時、父親の実感が少しだけ湧いた。

パパも奮闘しています

二人の生まれる三カ月前まで、私は新聞社の運動部で記者をしていた。一年に百日近い出張。文字通り、毎日飛び回っていた。しかし、妻の妊娠、しかも双子とわかると、このままでいいのかという思いがわいた。

私自身、三十歳で肋骨の軟骨肉腫という大病を経験していることもあり、子どもと触れ合う時間を大切にしたいという思いがよぎった。いいタイミングだと自分を納得させ、内勤の編集職場への異動を申し出た。

ＮＩＣＵでは、夜勤前の昼間にやってくる「謎のパパ」として、ザウルスと触れ合い、お風呂の入れ方、ミルクのあげ方やゲップの出し方まで学んだ。退院後も、お風呂は夜勤前のパパの担当。一人ずつ、小さなベビーバスで沐浴させるのだが、中腰の体勢で二人を洗い終わると、腰がパンパンに張った。

少し、大きくなると、双子用のベビーカーに乗せて散歩や買い物に連れて行った。当然のことながら、周囲の視線が注がれる。恥ずかしさもあったが、ザウルスの姿を誇らしく、自慢したい気分でもあった。

一歩ずつ成長を続けるザウルスだったが、父親としての成長は、恥ずかしながら遅い歩みだ。仕事で飛び回っていた自分と、時には思い通りにならないザウルスたちと格闘する自分。ギャップに苦しみ、子どもに必要以上に厳しくしかった時もあった。そんな時は、後になって自分を責めた。成長した二人にパパとして合格点をつけてもらえる自信はない。

それでも、掃除、洗濯、散らかしたおもちゃの片付け…。妻が仕事に復帰してからは、週一、二度、保育園のお迎えから食事、風呂、寝かしつけという「夜の育児フルコース」をこなした。夕刊勤務の帰りに、デパートの地下で安い総菜を探したり、近所のスーパーで野菜を品定めしたり、今までになかった経験も積み重ねた。最近になって「イクメン」という格好いい言葉が生まれたが、育児をしながら、親も生活力を育まれているのだろう。

妻へのお願い

お互い仕事に夢中で、でも休みになれば毎年、海外旅行に出掛けて、DINKSの生活を満喫してきた。私自身も、出張だけでなく、趣味の一人旅を繰り返し、義母から「ハントラ（半分、寅さん）だね」と苦笑された。

そんな気ままな夫婦が結婚八年目で授かった双子ザウルス。生活は一変し、子供を中心に、戦場のような毎日。妻とともに試行錯誤を続けてきた。仕事に育児に奮闘する妻から見れば、昔の生活を少し引きずり、自由な時間を求めるパパに不満も多いと思う。家事の分担も頑張ります。少しだけ大目に見てください。

私が保育園にお迎えに行くと、ザウルスたちは開口一番「買い物に行く？」と聞いてくる。一度、家への帰り道に、近所のコンビニでお菓子を買ったことに味をしめているのだ。歩きながら「お菓子いくつ？」と聞かれ、「小さいの二つ」と答えて店に入ると、用意された小さなかごに、考えながら駄菓子を二つずつ入れ、レジに持っていく。こんな風景は、あとわずかかもしれない。もう少し大きくなれば、友だちとつるんで遊び、「小遣いくれ」と手を出してくるだけだろう。

まだまだ続く格闘の日々だが、今はこういう瞬間を大切にしたい。

おわりに

「このコラムは本にはならないのですか？」

「双子ザウルス奮闘記」を朝日新聞愛知版で連載中、私が筆者だと知った読者から、幾度となくかけていただいた言葉だ。「いつも読んでいますよ」という声とともに、どんなに励みになったことだろう。

私たち夫婦にとって、初めての子どもがザウルスたち。何もかもが初体験で、すべて手探りでどたばたとやってきた。今更ながら、苦労は二倍だけれど、喜びはそれ以上なのが「双子育児」だと思う。

双子を育てながら記者という仕事をしている自分だからこそ、読者に伝えられることがあるのではないかと思って始めた連載だったが、書いていくうちに、ザウルスたちのためにも、形に残るものにしたいという気持ちが強くなっていった。

だからこそ、私に出版のチャンスを与えてくださった風媒社の稲垣喜代志社長、助言をくださった劉永昇編集長、担当してくださった林桂吾編集者には、深謝している。

また、イラストのつるおかのぶえさんは双子を含む四人のお子さんの育児で本当に忙しいなか、かわいらしい絵を描いてくださった。実物とのギャップが怖い。

仕事と育児の両立をいつも応援してくれている私と夫の両親、ザウルスたちの成長をともに一喜一憂している夫、佐藤芳雄には、いくら感謝の気持ちを表しても足りないと思う。

最後に、自分たちの悪行三昧がまさか、新聞や書籍で披露されているとは知らず、いつもとびきりのネタと笑顔を提供してくれた、あにザウルスの寛太、ちびザウルスの俊太には、心からのざんげと感謝を捧げたい。

二〇一〇年六月　川村真貴子

［著者紹介］
川村真貴子（かわむら・まきこ）
1967年、名古屋市生まれ。米国への交換留学を経て、1987年、金城学院高校卒。1991年、青山学院大学経済学科卒、朝日新聞社入社。仙台総局、名古屋本社社会部、大垣支局、岐阜総局を経て、2004年9月から名古屋報道センター記者。05年6月に双子の男児を出産。07年4月に育児休業から復職。08年4月から2010年3月まで、愛知版にて育児コラム「双子ザウルス奮闘記」を連載。これまでに名古屋市政、高校野球（宮城・愛知)、街ダネなどを取材する遊軍などを担当。

装幀／三矢千穂
カバー・本文イラスト／つるおかのぶえ

双子ザウルス奮闘記

2010年8月13日　第1刷発行　　（定価はカバーに表示してあります）

著　者　　川村　真貴子
発行者　　稲垣 喜代志

発行所　名古屋市中区上前津 2-9-14　久野ビル　風媒社
振替 00880-5-5616 電話 052-331-0008
http://www.fubaisha.com/

＊印刷・製本／モリモト印刷
乱丁・落丁本はお取り替えいたします。
ISBN978-4-8331-3158-2

桐山雅子
愛されてる子はたくましい
子育ては心育て

「子どもの心がわからない」「育てかたを失敗したのでは…」。乳幼児、中学生の子育てから、大学生の子どもとの関係づくりまで。カウンセラーとしての体験から、子育てに関する尽きない悩みにアドバイス。

一四二八円＋税

山城紀子
あきらめない
全盲の英語教師・与座健作の挑戦

少年のとき視力を失いながら、「見えなくてもできること」を積み重ね、念願の教師に。困難と向き合いながら、それを乗り越えるべく差しのべられた、たくさんの支援の手……。感動を呼ぶ人間ドキュメント！

一六〇〇円＋税

中村儀朋 編著
さくら道〈新訂版〉
太平洋と日本海を桜で結ぼう

平和への祈りを託して、名古屋・金沢間に二千本の桜を植えつづけ、病のため四十七歳の短い生涯を閉じた国鉄バス名金線車掌佐藤良二さんのひたむきな生涯を、残された膨大な手記をもとにつづる感動の書。

一四三七円＋税